MW01634621

atlas de physique et chimie

GAMMA • ÉCOLE ACTIVE

Traduction : Noëlle Commergnat.

Auteur : Jordi Llansana

Titre original : *Atlas básico de física y química*

Dépôt légal : septembre 2004.
Bibliothèque nationale.
ISBN 2-7130-2015-8

Exclusivité au Canada :
Éditions École Active
2244, rue de Rouen, Montréal,
Qué. H2K 1L5.
Dépôts légaux : Septembre 2004.
Bibliothèque nationale du Québec,
Bibliothèque nationale du Canada.
ISBN 2-89069-764-9

Crédits photographiques :
Archivo Parramón, Boreal, Alex Culla, Cablepress, Manel Clemente, Prisma

Illustrateurs :
Studio Cámara, Estudi d'Il-lustració Jaume Farrés, Albert Martínez, Josep Torres

Loi n° 49-956 du 16 juillet 1949
sur les publications destinées à la jeunesse.

Imprimé en Espagne.

PRÉSENTATION

Le but de cet atlas est de fournir au lecteur les connaissances fondamentales de la physique et de la chimie en évitant, dans la mesure du possible, les aspects mathématiques et les formules non indispensables ; en contrepartie, il tente d'expliquer les concepts, de façon simple et claire, puisque ce sont eux qui posent le plus de difficultés aux jeunes.

Les différents domaines de la physique et de la chimie sont traités dans cet ouvrage, mais sans excès de détails risquant de nuire à la compréhension, depuis les données de base jusqu'aux derniers apports de la recherche. Nous avons aussi tenté, lorsque c'était possible et sans perturber le fil de l'exposé, de mettre en relation le monde théorique de la physique et de la chimie avec la vie quotidienne : nous sommes convaincus que ces deux sciences ne sont pas confinées dans les laboratoires, mais font partie de notre quotidien.

Cet atlas ne vise pas à remplacer les livres scolaires. Son objectif est d'apporter aux jeunes une aide sérieuse complémentaire, mais aussi de leur servir de guide pour connaître et apprécier mieux la nature en apprenant à la respecter et la conserver.

SOMMAIRE

INTRODUCTION

La découverte du feu a été la première pierre du grand édifice de la science.

LES PREMIERS SCIENTIFIQUES

Il est impossible de préciser la date des premiers pas de la physique et de la chimie, mais il est certain qu'au début ces sciences n'étaient pas distinctes. L'homme scientifique n'existait pas. Il n'y avait que l'homme avec sa capacité à raisonner et certains besoins – manger, s'habiller, soigner ses maux –, qu'il devait satisfaire pour améliorer la qualité de sa vie. Au commencement, l'homme utilisa la nature pour s'alimenter et pour fabriquer ses outils : os d'animaux ou pierres utiles pour la chasse. Pendant un orage, il constata sans doute que les éclairs étaient capables d'allumer des incendies. Peu à peu, et probablement après une infinité de tentatives manquées, il réussit à maîtriser le prodige du **feu**. À partir de là, il put conserver la viande, produit de sa chasse, sans qu'elle sente mauvais. Ainsi, ces hommes primitifs furent les premiers **chimistes**, **physiciens** et **biologistes**. Ils avaient découvert qu'en frottant deux morceaux de bois secs cela produisait de la chaleur : ils avaient provoqué une réaction chimique de combustion. Grâce au feu, ils avaient trouvé le moyen d'éliminer les bactéries génératrices de putréfaction et de mauvaises odeurs.

La nature leur fit aussi découvrir l'existence des **métaux** qui révolutionnèrent leur vie. Au début, les premiers hommes ne connaissaient que les rares métaux qui existaient à l'état libre dans la nature, comme le cuivre et l'or. Grâce au feu, ils apprirent à obtenir du cuivre à partir de pierres bleuâtres qui, après avoir été chauffées, donnaient des résidus de ce métal. Ce fut l'origine de la **métallurgie**. Après s'être procuré des métaux, ils en étudièrent les propriétés et leur trouvèrent des applications pratiques pour leur foyer et leurs armes. Rapidement, ils découvrirent d'autres métaux qu'ils apprirent à mélanger, fabriquant ainsi les premiers **alliages** : avec un mélange de cuivre et d'étain, ils obtinrent du bronze vers 3000 ans av. J.-C. Cet alliage, plus dur et plus résistant que le cuivre, constituait un métal idéal pour les armes et les boucliers. Le fer, déjà connu grâce aux débris de météorites, était trop rare pour être utilisable. Il était plus intimement intégré que le cuivre aux roches qui

L'obtention du cuivre et celle du fer marquèrent l'évolution de l'homme primitif.

Pour les Grecs anciens, l'eau était l'élément le plus important : sans elle, la vie était impossible.

le contenaient. Les hommes primitifs firent brûler par hasard du minerai de fer avec du charbon végétal. Ils obtinrent un fer pur, plus dur et plus résistant que le bronze. Ils découvrirent aussi que le fer, en présence d'un excès de carbone, donnait la **fonte**, un alliage de fer et de carbone plus dur et moins cassant que le fer pur.

LES GRECS

Les Grecs ne furent pas de grands découvreurs, mais de grands philosophes qui se penchèrent sur la structure de la matière. Au VIe siècle av. J.-C., Thalès, un philosophe né à Milet, observa que les substances se transformaient en d'autres substances. Il pensa qu'elles étaient toutes constituées d'une seule matière de base qui pouvait présenter divers aspects et qu'il appela **élément**. Pour Thalès, l'eau était très importante non seulement parce qu'elle constituait la mer, les fleuves et la pluie, mais aussi parce qu'elle était indispensable à la vie. Il énonça donc que l'élément constitutif de la matière était l'**eau**. Son hypothèse fit beaucoup d'adeptes à son époque et aux siècles suivants. Un peu plus tard, Anaximène (de Milet lui aussi) crut que l'élément fondamental était l'**air** qui entoure tout ce qui existe : en se comprimant il formait l'eau et, en se comprimant davantage, il formait la terre. Pour Héraclite, né à Éphèse près de Milet, l'élément fondamental était celui qui subissait et provoquait les plus grands changements : le feu. Selon Empédocle, né en Sicile presque un siècle plus tard – et disciple remarquable du mathématicien, physicien et astronome Pythagore –, la théorie de l'élément unique était trop simple ; la nature était formée par quatre éléments : l'eau de Thalès, l'air d'Anaximène, le feu d'Héraclite, auxquels il ajouta la terre.

Les Grecs anciens croyaient que l'atome était un élément indivisible. Mais dans la première moitié du XXe siècle, l'homme réussit, en désintégrant les noyaux des atomes, à obtenir soit une énergie fabuleuse (dans les centrales nucléaires qui produisent de l'électricité), soit une arme dévastatrice (la bombe atomique).

Les alchimistes associaient la théorie des quatre éléments et les astres qui représentaient les différents métaux.

Jusqu'à Aristote, un siècle plus tard, on accepta cette théorie des quatre éléments, mais on supposait que chacun d'eux résultait d'un couple des quatre propriétés suivantes, opposées deux à deux : le froid et le chaud, l'humide et le sec. Elles s'associent deux à deux pour former quatre couples qui constituent les quatre éléments : le chaud et le sec donnent le feu ; le chaud et l'humide, l'air ; le froid et le sec, la terre ; et le froid et l'humide, l'eau.

À la même époque apparut un autre sujet de discussion qui nous paraît beaucoup plus actuel : les philosophes se demandaient ce qui se passerait si une portion de matière était partagée en deux, puis une de ces moitiés divisée encore en deux et ainsi de suite. Il y avait, comme de bien entendu, deux positions opposées. Pour Leucippe et son disciple Démocrite, on parviendrait à une portion si petite qu'elle serait indivisible : ils l'appelèrent **atome**. Pour beaucoup d'autres philosophes, dont Aristote, la matière serait divisible à l'infini.

L'ALCHIMIE

Au IVe siècle av. J.-C., les théories grecques fusionnèrent avec les pratiques scientifiques égyptiennes. Cette fusion aurait pu être fructueuse, mais la science égyptienne s'appuyait sur la superstition : elle était aux mains de personnes qui se donnaient le titre de mages ou de sorciers et qui formaient un monde obscur provoquant crainte et admiration. Cet obscurantisme du monde scientifique retarda le progrès et fit apparaître des charlatans et des escrocs. Bolos de Mendès, le premier alchimiste, commença vers 200 av. J.-C. à étudier la **transmutation** : il cherchait la formule pour transformer les métaux en or. Tel fut le principal intérêt des alchimistes jusqu'après le Moyen Âge. Durant ces siècles, les scientifiques firent des découvertes importantes, mais sans relation entre elles. Les progrès des sciences furent donc très lents.

L'application de certaines lois physiques (la force d'expansion de l'eau transformée en vapeur par réchauffement) a permis de créer la machine à vapeur, essentielle au progrès de la technique.

Une bonne partie de l'électricité qui arrive chez les industriels ou dans nos foyers provient de centrales thermiques. Celles-ci libèrent l'énergie contenue par les composés du carbone, comme le charbon ou le pétrole.

LA SCIENCE ACTUELLE

Une découverte changea le cours des connaissances : la presse à imprimer de Johannes Gutenberg au XVe siècle. Grâce à cette machine, il devint possible d'imprimer en nombre des livres afin de faire connaître les découvertes à d'autres spécialistes. Avec Galilée à la fin du XVIe siècle, Newton au XVIIe, puis Lavoisier et Boyle, la diffusion des découvertes scientifiques prit de l'importance : c'était la fin d'une longue période d'études qualitatives isolées. Les fondements de la science moderne apparurent alors. Au cours des cinq siècles derniers, la science et la technique progressèrent beaucoup plus que durant les dix siècles précédents. Aujourd'hui, la recherche scientifique n'est plus entre les mains de savants généralistes, mais entre celles de spécialistes : chimistes, physiciens, biologistes, etc. La chimie peut être minérale ou organique, selon qu'elle étudie le monde minéral ou les êtres vivants. Dans chaque branche, il y a une série de subdivisions : ainsi, un chimiste organique peut être spécialiste des processus biochimiques, de pétrochimie (produits pétroliers), des polymères, des produits pharmaceutiques, etc. De même, la physique s'est subdivisée en domaines fondamentaux : mécanique, thermodynamique, optique, électricité, électronique, physique nucléaire, etc., à leur tour divisés en mécanique des solides, mécanique des fluides, mécanique ondulatoire, mécanique quantique, etc. Les connaissances sont si vastes qu'il est improbable, pour ne pas dire impossible, qu'un cerveau puisse les contenir et les utiliser toutes. Le chercheur moderne a une connaissance superficielle de toutes les sciences voisines de sa propre spécialité qu'il connaît et étudie en profondeur. Ses recherches n'ont pas de fin en soi, sinon de compléter les recherches des autres scientifiques.

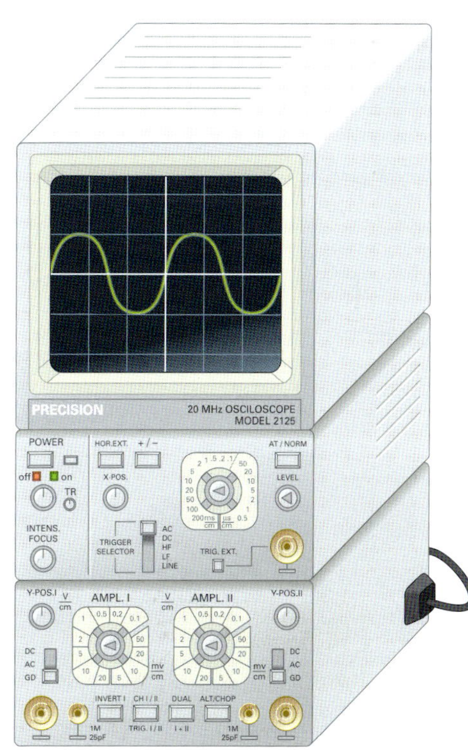

L'électronique est la branche de la physique qui étudie et utilise les variations des grandeurs électriques (courants, charges, tensions électriques et champs électromagnétiques), pour capter, transmettre et fournir des informations. Ci-contre, un oscilloscope.

LES FORCES

Les forces sont des grandeurs présentes dans tout l'Univers. On leur doit des phénomènes aussi différents que le mouvement des planètes autour de leur étoile, la formation des montagnes, les marées, la chute de la neige, le déplacement des voitures ou le mouvement rapide de la décharge électrique d'un éclair. Tous ces événements si communs ne résultent pas d'une seule force, mais bien de l'action commune et simultanée de diverses forces qui ont un résultat unique.

DÉFINITION D'UNE FORCE

La formation d'une montagne ou d'un éclair illustre l'action de forces multiples.

Les forces ne se définissent et ne s'étudient que par leurs effets. Une force est tout ce qui peut faire changer l'état de **repos** ou de **mouvement** d'un corps. Ainsi, grâce à une ou plusieurs forces, un corps qui était au repos peut se mettre en mouvement, un corps déjà en mouvement peut freiner, ou accélérer, ou dévier de sa trajectoire. Une force peut aussi déformer les corps plastiques ou élastiques, et enfin, modifier les effets d'une autre force.

LA LOI DE HOOKE

Si un ressort a subi une déformation, que ce soit un **allongement** ou un **rétrécissement**, il exercera une force, dite « de réaction », qui l'amènera à reprendre sa forme primitive. Cette force est directement proportionnelle à la déformation produite. La loi de Hooke a pour expression mathématique : $F = -k\Delta l$.

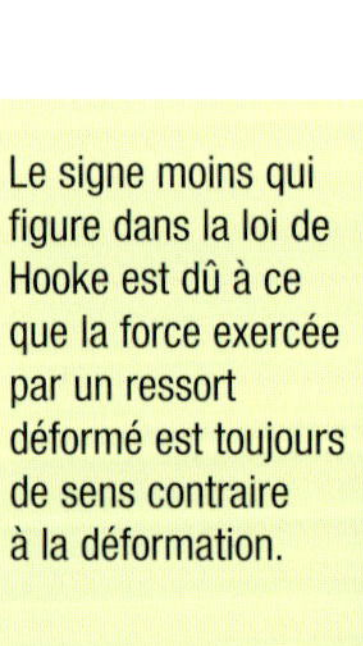

Le signe moins qui figure dans la loi de Hooke est dû à ce que la force exercée par un ressort déformé est toujours de sens contraire à la déformation.

La force énorme de ses moteurs enverra très vite la navette à haute altitude.

Pour réussir à étirer le tendeur, l'athlète doit exercer une force latérale proportionnelle à l'étirement désiré.

Le k, ou constante de Hooke, d'un ressort dépend du matériau qui le constitue, de la grosseur du fil, du diamètre des spires, de la distance qui les sépare, et aussi de la température.

LES UNITÉS DE FORCE

SYSTÈME	UNITÉ	SYMBOLE	ÉQUIVALENCES
International (SI)	newton	N	1 kgf = 9,816 N
CGS	dyne	dyn	1 N = 100 000 dyn
MKS	kilogramme force ou poids	kgf	

Les systèmes CGS (centimètre, gramme, seconde) et MKS (mètre, kilogramme, seconde) ne sont plus employés en France.

LE CARACTÈRE VECTORIEL DES FORCES

Les forces sont des **grandeurs vectorielles** : pour les exprimer et pour connaître leurs effets, il faut indiquer non seulement leur **intensité**, mais aussi leur **point d'application**, leur **direction** et leur **sens**.

intensité
sens
point d'application
direction

LA REPRÉSENTATION D'UNE FORCE

Une force se représente par un vecteur. Ce vecteur est une flèche dont la longueur indique l'**intensité** (un nombre et une unité). L'origine du vecteur représente le **point d'application** de la force, la droite qui lui sert de support nous indique sa **direction** et la pointe son **sens**.

LA MESURE DES FORCES

Les forces se mesurent grâce à un **dynamomètre**. Cet instrument compare une force avec l'allongement produit par un ressort préalablement calibré.

ressort calibré
repère
échelle en N
6N

Une grandeur est **scalaire** quand, pour la définir, il suffit d'un nombre et d'une unité : ton âge est défini par un nombre et par le mot « ans » qui indique l'unité.

MOMENT D'UNE FORCE

Le moment d'une force par rapport à un point est le produit de l'intensité de cette force par sa distance à ce point. Le moment d'une force mesure la capacité de la force à produire une rotation.

La mesure d'une force avec un dynamomètre est une **mesure indirecte**, puisque nous ne comparons pas deux grandeurs de la même nature. Nous évaluons une force en fonction d'une longueur.

La poignée de la porte du réfrigérateur est placée à l'extrémité opposée de la charnière pour que l'effet de la force soit plus grand.

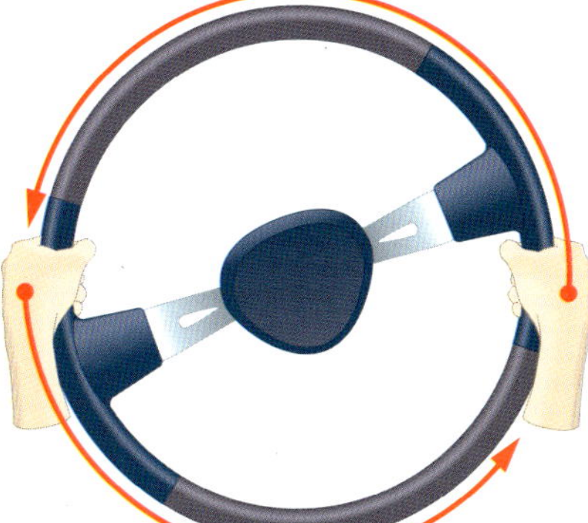

Le volant d'un camion est très grand par tradition. Son grand diamètre est dû au fait qu'autrefois on le jugeait adapté à la force des bras du conducteur qui était capable de le tourner.

LA COMPOSITION DE FORCES

Nous rencontrons rarement un phénomène naturel provoqué par une seule force. Nous vivons dans un monde où partout existent deux forces dont nous pouvons difficilement nous affranchir : le poids et le frottement. Cependant, il est intéressant d'être capable de prévoir les effets que provoqueront plusieurs forces agissant simultanément sur un corps, ainsi que de pouvoir identifier les forces qui ont produit un effet déterminé.

COMPOSITION DE FORCES

On appelle composition ou somme de forces la recherche d'une force unique produisant le même phénomène que l'action de plusieurs forces agissant simultanément. La méthode utilisée pour cette recherche dépend de la situation des forces : elles sont appliquées à un point ou à un solide rigide, elles sont concourantes en un point ou parallèles.

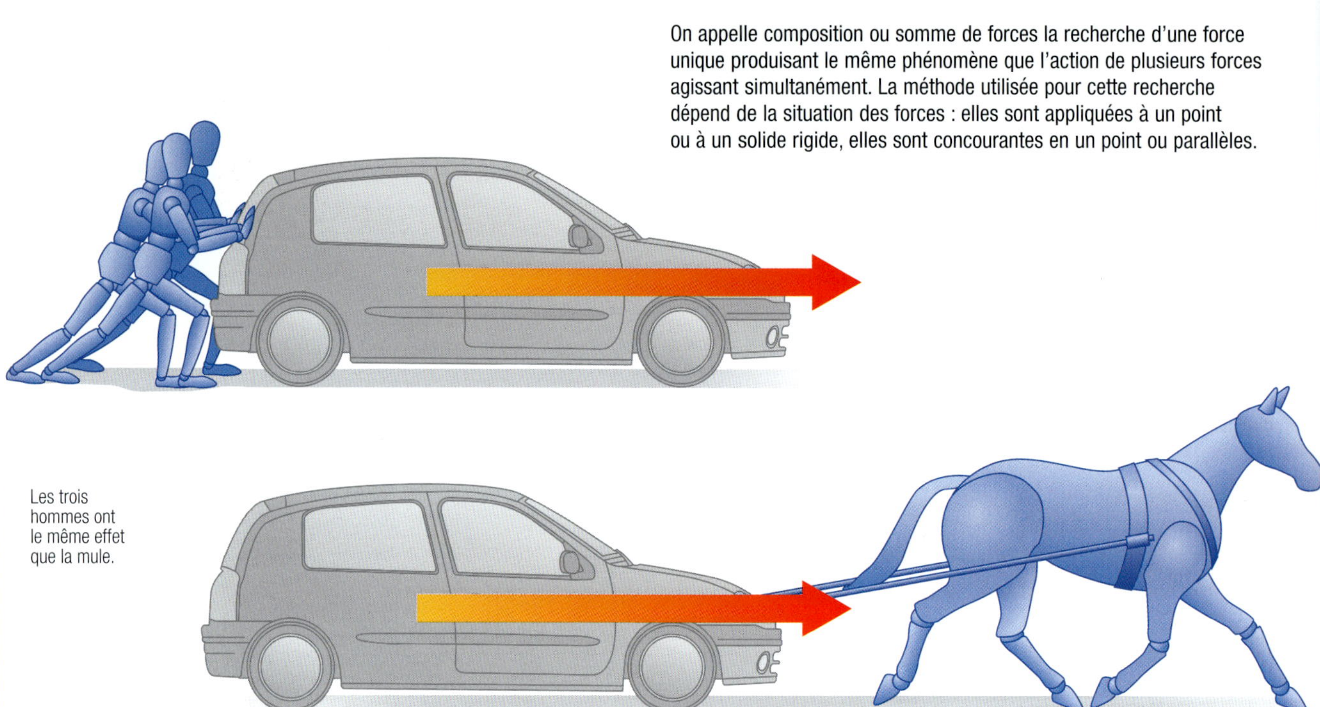

Les trois hommes ont le même effet que la mule.

LES FORCES APPLIQUÉES À UN POINT

On peut faire la somme de deux forces appliquées à un même point grâce à la **règle du parallélogramme** : on représente les deux forces par des vecteurs. On trace, depuis l'extrémité d'une des deux forces, une droite parallèle à la direction de l'autre force et, depuis l'extrémité de la seconde, une droite parallèle à la direction de la première. La diagonale du parallélogramme ainsi formé à partir du point d'application commun des deux forces est la **force résultante**.

LA RÈGLE DU PARALLÉLOGRAMME

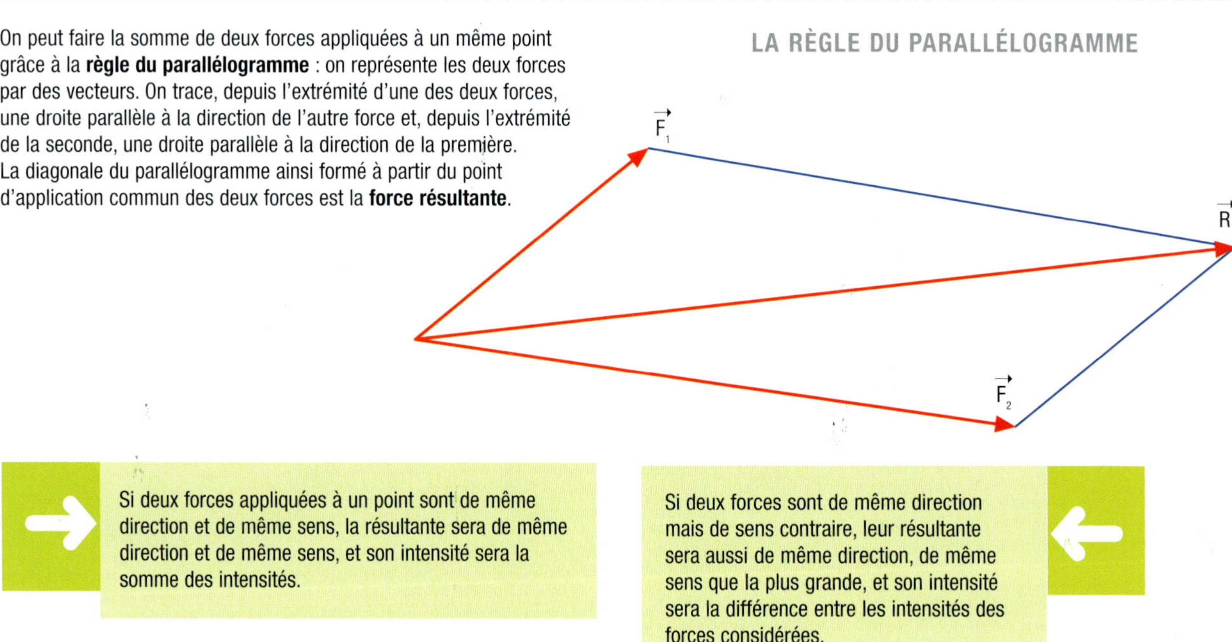

Si deux forces appliquées à un point sont de même direction et de même sens, la résultante sera de même direction et de même sens, et son intensité sera la somme des intensités.

Si deux forces sont de même direction mais de sens contraire, leur résultante sera aussi de même direction, de même sens que la plus grande, et son intensité sera la différence entre les intensités des forces considérées.

FORCES CONCOURANTES EN UN POINT

Considérons deux forces appliquées à un solide rigide et dont les directions se coupent en un point. Pour trouver leur résultante, il faut faire glisser ces deux vecteurs le long des directions de façon que leurs points d'application coïncident, puis chercher leur résultante comme dans le cas de deux forces appliquées à un même point.

Deux remorqueurs tirent la péniche par ses amarres ; la péniche avance comme si une force unique la tractait depuis un point situé entre les deux attaches.

Les forces appliquées à un solide indéformable sont des **glisseurs** : leurs effets ne varient pas si elles glissent le long de la droite qui leur sert de support.

FORCES PARALLÈLES

La résultante de deux forces parallèles se calcule comme celle des forces de même direction appliquées à un point. Sa direction est parallèle à celle des deux autres forces et son sens sera celui de la plus grande. Le point d'application de leur résultante est situé de façon que le produit de chaque intensité des forces par leurs distances respectives à ce point d'application soit constant.

Les cordes qui soutiennent l'échafaudage se répartissent le poids du peintre de manière que : $F_1 + F_2 = P$ et $F_1 \cdot d_1 = F_2 \cdot d_2$

LA DÉCOMPOSITION D'UNE FORCE

Quand une force n'a pas d'effet apparent dans sa direction, c'est parce qu'elle se décompose en deux directions ou plus. Pour la décomposer graphiquement, il faut tracer, depuis l'extrémité du vecteur, deux droites parallèles aux effets de la force et fermer le parallélogramme en dessinant des droites parallèles, mais cette fois depuis l'origine du vecteur. Les deux côtés du parallélogramme qui partent du point d'application de la force initiale sont les **composantes** de la force.

Le produit de l'intensité d'une force par sa distance à un point reçoit le nom de **moment de la force** et mesure la capacité de cette force à produire une **rotation** autour de ce point.

Quand deux forces sont parallèles, de même intensité et de sens contraire, elles forment un couple de forces dont le seul effet est une **rotation**.

ÉQUILIBRE

On dit qu'un corps est en équilibre quand la somme de toutes les forces qui s'y appliquent est nulle et que les moments de toutes ces forces s'annulent entre eux.

Le poids du garçon et du traîneau (*P*) se décompose en une force (*a*) qui fait glisser le traîneau et une force (*b*) qui le plaque contre la neige.

Les forces exercées par les deux câbles qui soutiennent la lampe sont en équilibre avec le poids de celle-ci.

Introduction
Les forces
Le mouvement
L'énergie
La chaleur
Les fluides
Les oscillations et les ondes
Le son
L'optique
L'électricité
La matière
La structure de la matière
Les mélanges
Les corps purs
Les réactions chimiques
Index

LES FORCES À DISTANCE

L'action d'une force ne provient pas toujours du contact entre deux corps : l'un qui exerce cette force et l'autre qui la reçoit. Il existe certaines forces qui agissent à des distances très variables : celles-ci vont des distances énormes qui séparent deux astres jusqu'à celles, infimes, qui séparent les différents composants du noyau atomique, en passant par les distances relativement petites des forces créées par un champ électrique ou magnétique.

Grâce aux forces d'attraction mutuelles entre les astres, il existe un équilibre dans l'Univers.

LOI DE GRAVITATION UNIVERSELLE

Cette loi, énoncée par Isaac Newton, établit la relation des **forces d'attraction** qui existent entre deux masses indépendamment du milieu qui les sépare. La force d'attraction, dite **force gravitationnelle**, de ces deux masses est directement proportionnelle à ces masses et inversement proportionnelle au carré de la distance qui les sépare.

La constante de proportionnalité, appelée **constante de gravitation universelle**, est si petite ($6{,}67.10^{-11}$ N · m²/kg², soit 0,000 000 000 066 700 N · m²/kg²), que ces forces ne se calculent que si au moins l'une des deux masses est extrêmement grande, comme celle de la Terre.

LA GRAVITÉ

L'**intensité du champ gravitationnel** en un point, appelé normalement gravité, est la force par laquelle un astre attire une masse quelconque située en ce point. Ainsi, la gravité à la surface d'un astre dépend de sa masse et de son rayon.

UNITÉ DE *g*

SYSTÈME	UNITÉ
SI	N/kg
CGS	dyn/g
MKS	kgm/kg

1 N/kg = 100 dyn/g

LE POIDS

On appelle poids la force par laquelle un astre attire une masse située dans son champ gravitationnel. Le poids d'un corps dépend, par conséquent, de sa masse, de la masse de l'astre et de la distance du corps au centre de l'astre.

Sur la Terre, la gravité est bien plus forte que sur la Lune. Cela veut dire que, par exemple, une valise ou notre propre corps sont beaucoup plus lourds sur la Terre que sur la Lune.

Le poids P d'une masse m est égal à : $P = m \cdot g$. Comme la masse m est invariable, son poids dépend de la valeur de g. À la surface de la Terre, g a une valeur moyenne de 9,816 N/kg.

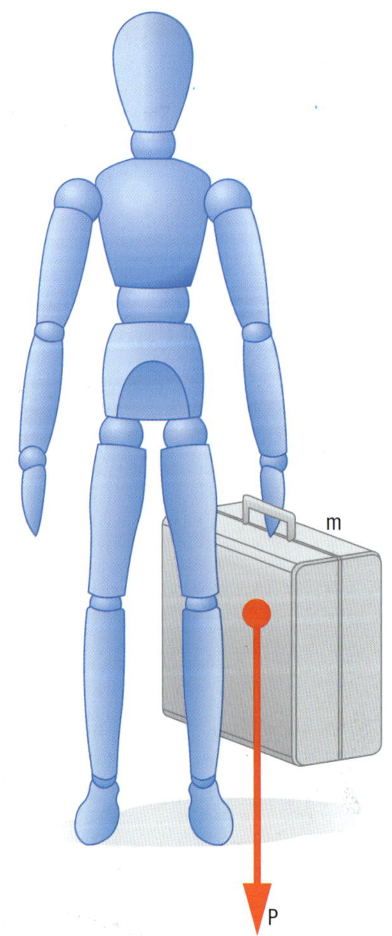

LES FORCES MAGNÉTIQUES

Quand on approche certains **minéraux**, comme la **magnétite**, d'un métal comme le **fer**, le **nickel** ou le **cobalt**, des forces d'attraction ou de répulsion se produisent, parce que la magnétite a créé un **champ magnétique**.

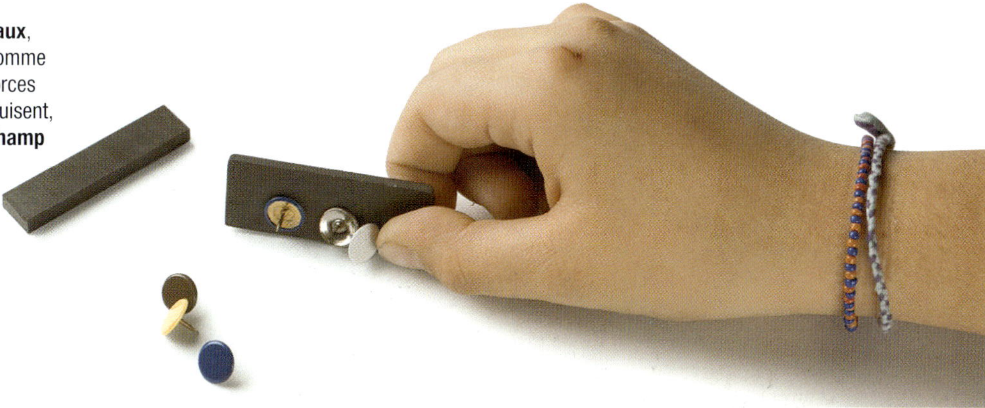

L'aimant attire les punaises métalliques.

LES FORCES ÉLECTRIQUES

Les **charges électriques** exercent entre elles des forces d'attraction ou de répulsion. La région de l'espace où les effets d'une charge électrique se font sentir s'appelle un **champ électrique**.

Après avoir été frotté, le peigne attire les petits morceaux de papier grâce à des forces électriques.

LES FORCES ÉLECTROMAGNÉTIQUES

Un courant électrique peut produire un champ électromagnétique, comparable au champ magnétique, et qui exerce des forces sur les charges électriques, les champs magnétiques ou les corps contenant certains éléments qu'on appelle « **ferromagnétiques** » (fer, cobalt ou nickel).

L'électroaimant attire la tige de la sonnette de façon discontinue.

LES FORCES NUCLÉAIRES

Ces forces d'attraction ont une intensité énorme et sont responsables de la cohésion des particules du **noyau** d'un atome ainsi que de la forte énergie qui se dégage quand ce noyau se rompt. Ces forces s'exercent seulement sur les distances infiniment petites qui séparent ces particules.

Le « souffle » qui se remarque en passant devant l'écran d'un ordinateur, même si celui-ci n'est pas connecté à ce moment-là, est dû au champ électrique produit par le tube qui a chargé électriquement la plaque protectrice de l'écran.

LES MACHINES SIMPLES

Depuis des temps très reculés, l'homme a constaté qu'un grand nombre de travaux étaient difficiles à exécuter à la seule force de ses bras. Grâce à son intelligence et au fur et à mesure des progrès techniques, il a conçu une série de machines simples pour modifier les forces. Ces modifications peuvent concerner leur intensité, leur direction et leur sens. Il faut tenir compte du fait qu'une augmentation d'intensité entraîne de façon inévitable une diminution de la trajectoire.

LE LEVIER

Le levier est une machine simple qui modifie l'intensité des forces et, par conséquent, leur trajectoire. Il comporte trois éléments fondamentaux :

- une **force motrice** extérieure à la machine ;
- un **axe de rotation** *A* ou un **point d'appui** *O* de la machine ;
- une **force résistante** *R* qui doit être vaincue.

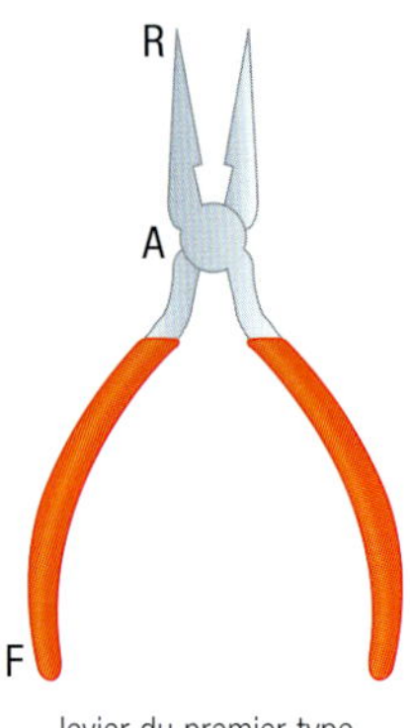

levier du premier type

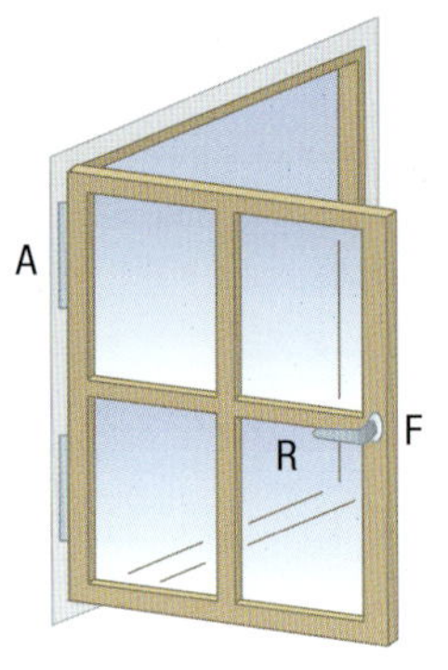

levier du second type

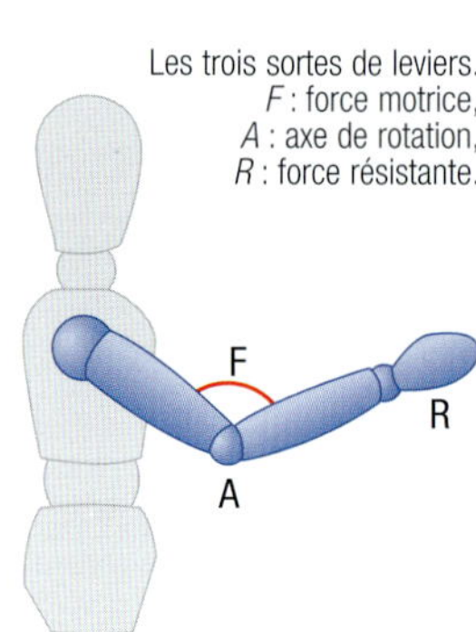

Les trois sortes de leviers. *F* : force motrice, *A* : axe de rotation, *R* : force résistante.

levier du troisième type

La rame que manie ce gondolier à Venise (Italie) est un levier du second type.

Les leviers du second type augmentent toujours l'intensité de la force, ceux du troisième type la réduisent et ceux du premier type l'augmentent ou la réduisent selon la situation de l'axe de rotation *A*.

Les rames d'une barque semblent être des leviers du premier type, mais en réalité elles font partie du second. Leur point d'appui est la pale qui est dans l'eau, la force motrice s'exerce au bout de la rame tenue par le batelier, et la force résistante est transmise à la barque par la fourche.

TROIS SORTES DE LEVIERS

Les leviers peuvent être de trois sortes distinctes selon la position qu'occupent les trois éléments qui les composent.

- **Premier type**. L'axe de rotation est entre la force motrice et la force résistante. Exemples : les tenailles, la balance romaine.
- **Second type**. La force résistante est entre l'axe de rotation et la force motrice. Exemples : une porte, un casse-noix.
- **Troisième type**. La force motrice est entre l'axe de rotation et la force résistante. Exemples : l'avant-bras humain, des pinces à sucre.

TYPES DE LEVIERS

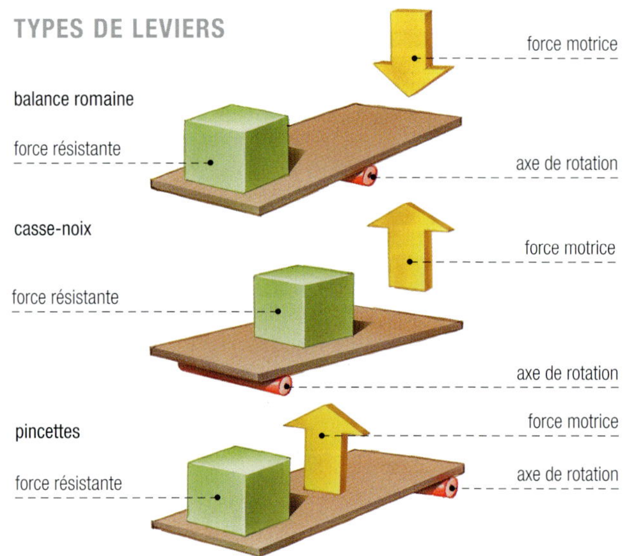

LES POULIES

La poulie est une machine simple qui comporte une corde et une ou plusieurs roues avec une gorge pour recevoir la corde. Les poulies inversent le sens de la force et peuvent augmenter son intensité si elles ont plus d'une roue. Une poulie à une seule roue reçoit le nom de **poulie fixe**. Si elle comporte deux roues, c'est une **poulie mobile**, et si elle comporte plusieurs roues, c'est un **palan**.

TYPES DE POULIES

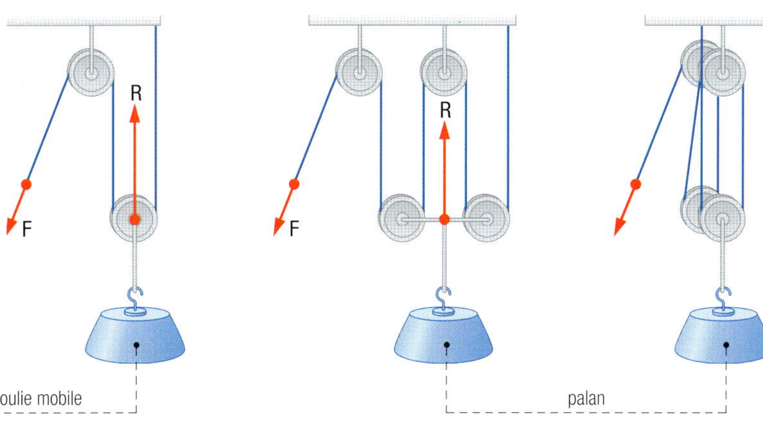

La poulie permet de lever des masses avec moins d'efforts. Ici, une poulie simple ou fixe.

LE TREUIL

Le treuil comporte un **cylindre**, qui s'appuie sur un **chevalet**, et sur lequel s'enroule une corde fixée à ce cylindre par une de ses extrémités. À l'autre extrémité est placée la charge : seau d'eau tiré d'un puits, sable d'une tranchée, etc. Le cylindre est actionné par une manivelle. Le facteur multiplicateur de la force dépend de la relation entre la longueur de la manivelle et le rayon du cylindre.

LE PLAN INCLINÉ

On appelle plan incliné une **surface plane** qui relie deux points situés à des hauteurs différentes. Sur un plan incliné, la force est multipliée par le quotient entre la longueur du plan et la dénivellation qui existe entre ses extrémités. On l'utilise pour transporter des masses importantes : machines lourdes, pianos, tonneaux.

L'intensité de la force motrice d'une poulie est multipliée par le nombre de ses roues. S'il s'agit d'une poulie à plusieurs roues, leur nombre est toujours pair. Le déplacement de la masse est divisé par le même nombre.

Les plans inclinés sont utilisés par les personnes handicapées pour éviter les obstacles architecturaux.

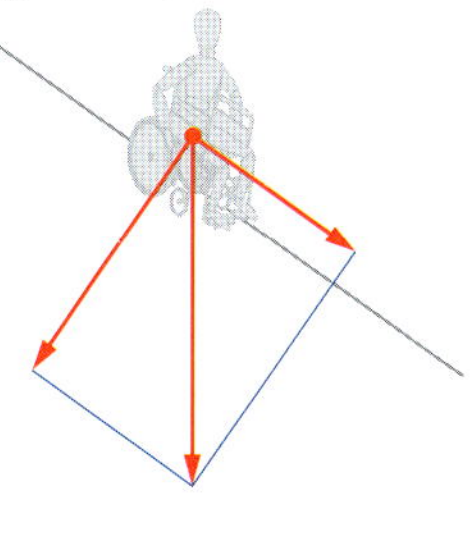

La vis permet l'assemblage solide de deux éléments.

LA VIS

La vis est une machine simple qui comporte un **filetage**, une rainure en forme d'**hélice**, qui change la direction de la force et multiplie son intensité en fonction de son diamètre et du **pas** du filet.

LES SYSTÈMES DE RÉFÉRENCE

Quand nous voulons étudier un mouvement, il faut être capable de mesurer des **distances** et le **temps**. Pour ce faire, il est nécessaire de disposer d'**appareils de mesure** adéquats ainsi que de **références** fixes à partir desquelles effectuer ces **mesures**. Cette idée paraît très simple, mais en réalité il est très difficile – pour ne pas dire impossible – de trouver, dans le monde changeant où nous vivons, des références qui puissent nous garantir la justesse de nos mesures.

LES CARACTÉRISTIQUES D'UN MOUVEMENT

Nous pouvons assurer que nous connaissons un mouvement quand, à tout instant, nous pouvons indiquer la **position** et la **vitesse** du mobile considéré, prévoir ces mêmes caractéristiques à un temps déterminé, ou évaluer le temps que mettra ce mobile pour atteindre une position définie ou une vitesse déterminée.

Un corps que nous considérons au repos sous le Soleil parcourt environ 40 000 km par jour en raison du seul mouvement de rotation de la Terre.

Ce palmier, situé sur l'équateur, se déplace à la vitesse stupéfiante de 1667 km/h.

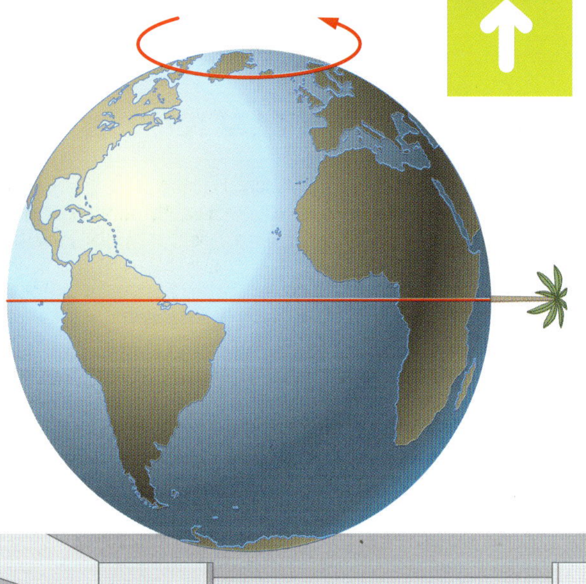

Les voyageurs qui ont consulté l'horaire de ce train connaissent son mouvement : ils savent quelle position occupera le train en fonction du temps.

LA RELATIVITÉ DU MOUVEMENT

Tout mouvement est **relatif**. Il est impossible de trouver, dans tout l'Univers, un lieu qui occupe un espace fixe. Aussi, pour étudier un mouvement, nous considérerons comme au **repos** une partie de l'Univers et, à partir de cette hypothèse, nous pourrons effectuer des mesures. Si tu voyages dans un train qui roule à grande vitesse, et que tu es assis dans un wagon, un passager qui marche dans le couloir te semblera se déplacer à une vitesse modérée ; tandis que, pour un observateur situé sur le quai, le même passager se déplace à une vitesse très proche de celle du train.

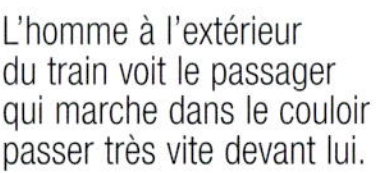

L'homme à l'extérieur du train voit le passager qui marche dans le couloir passer très vite devant lui.

L'ORIGINE

Quand un mobile se déplace sur une ligne droite, il suffit d'un point d'origine pour mesurer les distances. On place le zéro en ce point : à partir de là, on mesure les distances positives dans un sens et négatives dans l'autre.

LES AXES DE RÉFÉRENCE

Quand un mouvement se produit sur un plan ou dans l'espace, il faut avoir des axes de référence : en mesurant deux ou trois distances (selon le cas à partir de ces axes), on pourra donner la position du mobile à chaque instant.

Pour situer un point dans l'espace, il faut connaître les trois distances (**coordonnées**) qui séparent ce point de chacun des trois **axes cartésiens**.

(5, 4)

Le mobile qui se déplace en ligne droite (en bas, à droite) est à 3 m du point de référence dans le sens négatif ; et celui qui se déplace sur un plan (en haut, à droite) est situé à 4 m de l'axe horizontal et à 5 m de l'axe vertical.

LA VITESSE RELATIVE

Si nous étudions le mouvement d'un corps à partir d'un système qui se déplace dans la même direction que lui, sa **vitesse absolue** sera la somme de sa vitesse et de celle du système. Si le système se déplace en sens contraire, sa vitesse absolue sera la différence entre ces deux vitesses.

La vitesse relative de la chute des parachutistes.

A tombe à 8 m/s, et B à 25 m/s.

B tombe à 17 m/s.

A

B

LE PRINCIPE DE LA RELATIVITÉ

L'espace parcouru et le temps sont deux **grandeurs absolues**. Cela signifie qu'ils ne dépendent ni de la vitesse du mobile ni de la vitesse de l'observateur. Cette affirmation est vraie à des vitesses modérées, mais à des vitesses très élevées, de l'ordre de la **vitesse de la lumière**, le temps et l'espace cessent d'être des grandeurs absolues pour dépendre de cette vitesse, car il existe une **contraction relativiste** du temps et de l'espace. À la vitesse de la lumière, le temps comme l'espace seraient nuls.

Selon la théorie de la relativité restreinte, la vitesse de la lumière dans le vide est de 300 000 km/s, indépendamment de la vitesse du foyer émetteur de lumière, et elle devient une des **constantes universelles**.

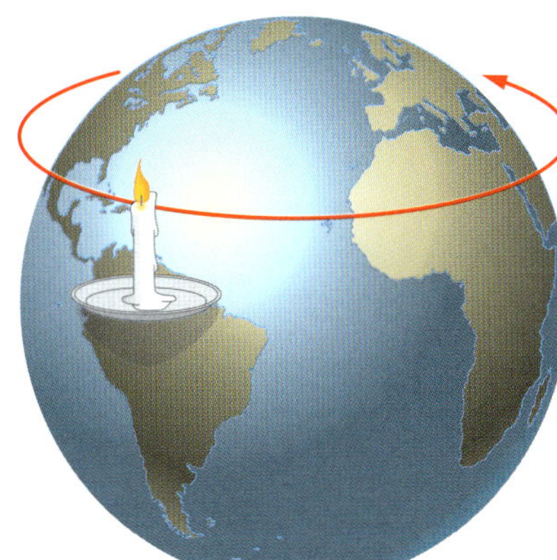

Si la lumière de la bougie, au lieu de se déplacer en ligne droite, tournait autour de l'équateur, elle ferait 7,5 tours de la Terre par seconde.

En 1905, Albert Einstein publia la théorie de la relativité restreinte. Il acheva ses travaux en 1915, avec la théorie de la relativité générale.

LES CARACTÉRISTIQUES D'UN MOUVEMENT

Imagine que tu dois décrire un film à un ami, mais que tu ne te souviens plus de son nom. Comment t'y prendras-tu ? Supposons que tu lui en décrives alors tous les éléments les plus importants : son sujet, ses interprètes masculins et féminins, son réalisateur, les détail frappants, de telle sorte que seul ce film réponde aux caractéristiques décrites. Pour décrire un mouvement, nous utilisons une série de caractéristiques qui nous permettent de définir un mouvement précis.

LA CINÉMATIQUE

La cinématique est la partie de la mécanique qui étudie le mouvement des corps. Elle distingue entre les causes qui ont produit un mouvement et les effets qu'elles produisent.

La cinématique étudie le mouvement de ce skieur indépendamment du fait qu'il est tracté par un cerf-volant.

LA POSITION

La position est la place précise occupée dans l'espace par un mobile à un instant donné. Elle se définit par les **coordonnées** mesurées par rapport à un **système de référence**. Par exemple, si nous disons « Jean était à côté du pied de son lit », une personne qui connaît la maison de Jean connaîtra de façon précise la position qu'il occupait à ce moment-là.

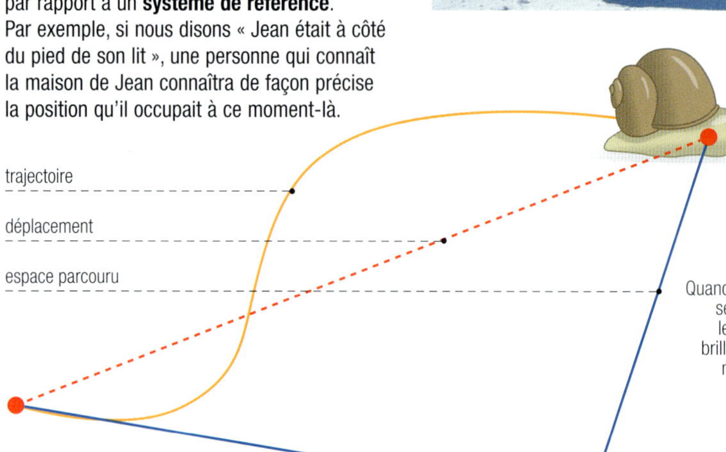

Quand un escargot se déplace sur le sol, sa bave brillante laisse la marque de sa trajectoire.

LA TRAJECTOIRE

Quand un corps se déplace, il passe par plusieurs positions successives. La ligne qui joint toutes ces positions s'appelle la trajectoire.

LE DÉPLACEMENT

Le déplacement est la **distance** qui sépare deux positions. Il ne faut pas le confondre avec l'**espace parcouru**, qui est la distance entre deux positions mesurées sur la **trajectoire**. Pour aller de la maison au lycée, nous devons nous déplacer. Le déplacement est la distance en ligne droite entre deux lieux. Alors que l'espace parcouru dépendra du chemin choisi par chacun.

étoile

10 années-lumière (94 608 000 000 000 km)

Terre

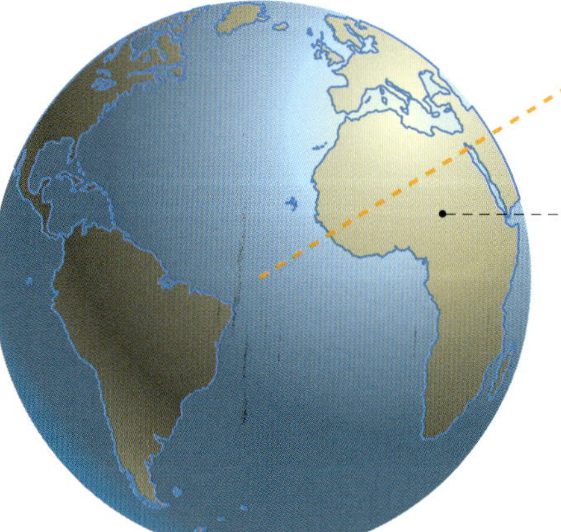

En astronomie, la distance entre les corps célestes se mesure en années-lumière.

ANNÉE-LUMIÈRE

Pour mesurer les déplacements ou les distances très grandes, on utilise l'année-lumière. L'année-lumière est la distance parcourue par un rayon de lumière pendant un an, soit :
300 000 km/s · 3600 s/h · 24 h/j · 365 j
= 9 460 800 000 000 km.

LA VITESSE MOYENNE

La vitesse moyenne est la relation qui existe entre le déplacement et le temps mis pour l'effectuer. Il faut souligner que la vitesse moyenne est fonction du déplacement et non de l'espace parcouru. Dans la vie réelle, nous procédons également ainsi. Lorsqu'une personne dit : « Je vais prendre l'autobus de 8 heures plutôt que celui de 7 heures : il est plus rapide, car il ne passe pas par le centre-ville », cela ne signifie pas que le compteur indique une vitesse plus grande, mais qu'il s'écoule moins de temps entre le départ et l'arrivée pour un même déplacement.

A
B
se déplace à 50 km/h
se déplace à 90 km/h
A
B

Les deux automobiles partent à la même heure de A et arrivent en même temps à B. Leur vitesse moyenne est la même, bien que l'une roule à 50 km/h et l'autre à 90 km/h.

La vitesse **instantanée** est indiquée par le compteur. Elle est égale à la vitesse moyenne entre deux positions séparées par une distance infinitésimale.

8 m/s
accélération centripète
8 m/s
g

ACCÉLÉRATION

L'accélération est la relation qui existe entre la variation de la **vitesse instantanée** et le temps de cette variation. Il faut prendre en compte le **caractère vectoriel** du déplacement et de la vitesse. Ainsi, quand il y a une variation de la direction de la vitesse, il y a aussi accélération bien que la vitesse ne varie pas en intensité.

Le pot de fleurs tombe avec une accélération *g* qui, sur la Terre, est d'environ 9,816 m/s².

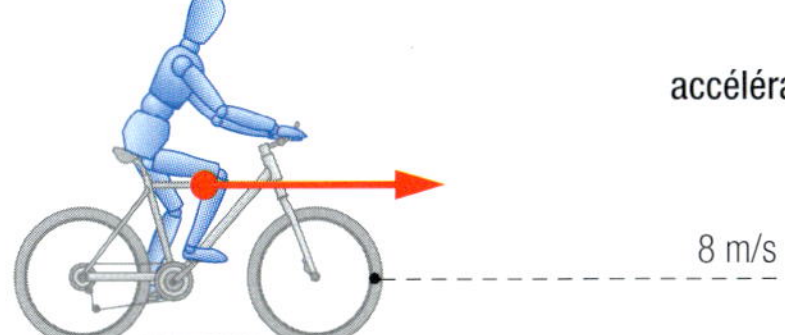

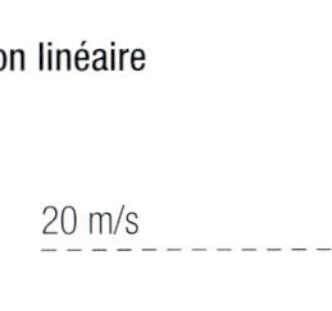

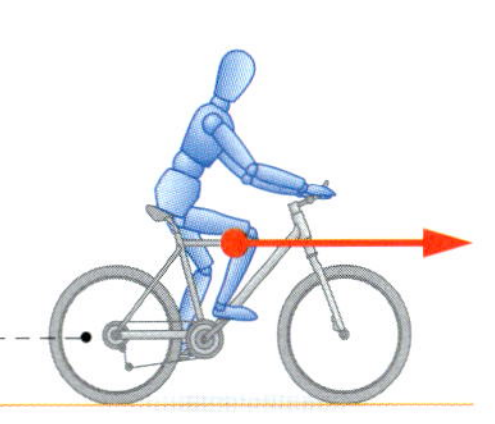

Il existe, comme pour la vitesse, une **accélération moyenne** et une **accélération instantanée**. Normalement, l'accélération d'un mobile n'est pas uniforme, mais elle varie en fonction du temps.

Si l'accélération provient de la variation de l'intensité de la vitesse, on l'appelle **linéaire** ou **tangentielle**. Étudions le cas des cyclistes ci-dessus. Si elle est due à un changement de direction, on l'appelle **centripète** ou **normale**).

Quand on dit qu'une navette spatiale a une accélération de 5 *g*, cela veut dire que l'accélération de cette navette est cinq fois plus grande que celle d'une pierre tombant en chute libre.

UNITÉS

GRANDEURS	CGS	SI	MKS	autres
déplacement	cm	m	m	km
espace parcouru	cm	m	m	km
vitesse	cm/s	m/s	m/s	km/h
accélération	cm/s²	m/s²	m/s²	

LES TYPES DE MOUVEMENTS

Il existe, comme on le peut le supposer aisément, une infinité de types de mouvements différents, depuis l'avancée lente et hésitante d'une fourmi jusqu'au déplacement rapide et direct d'une fusée. Pour se faciliter la tâche, les physiciens ont déterminé certains mouvements types : cela simplifie leur étude ainsi que les calculs. Normalement, les mouvements réels s'ajustent de façon incomplète à ces types de mouvements prédéterminés, mais ils peuvent en être très proches.

LA TRAJECTOIRE

La trajectoire d'un mouvement peut être **rectiligne** ou **courbe**. Il existe beaucoup de variantes des mouvements courbes. Les plus importants d'entre eux sont les mouvements circulaires, **elliptiques** ou paraboliques. Il existe aussi des mouvements **chaotiques** ou **irréguliers** : leur nom indique qu'aucune formule mathématique ne peut les représenter.

L'orbite de la Terre autour du Soleil est elliptique. Le Soleil occupe un foyer de l'ellipse.

Un exemple typique de mouvement elliptique est celui des planètes autour du Soleil, ou des satellites qui tournent autour de leur planète.

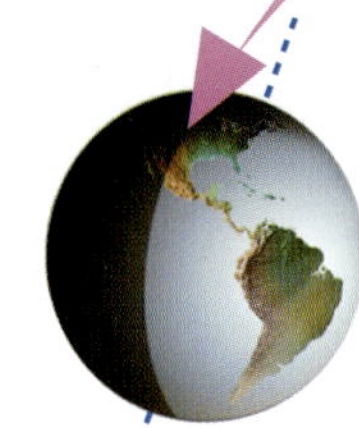

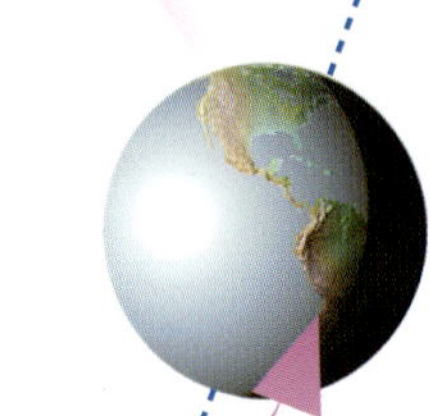

LA VITESSE

La vitesse d'un mouvement peut être : **uniforme**, **uniformément accélérée** ou **irrégulièrement accélérée**. Dans ce dernier cas, les physiciens recherchent une fonction mathématique qui s'ajuste le mieux possible à ce mouvement.

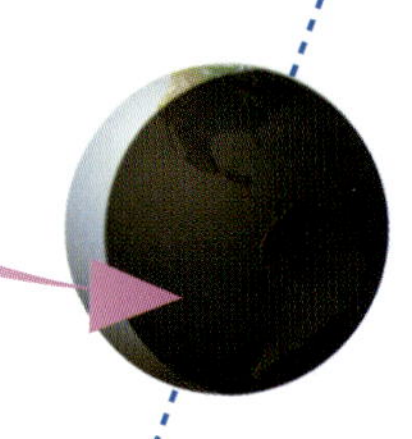

Le type de mouvement d'un même mobile peut varier. Au démarrage, le mouvement d'une voiture est accéléré, mais il peut ensuite devenir uniforme.

accélération

vitesse constante

Chaque combinaison d'un mouvement déterminé par sa trajectoire avec un autre déterminé par sa vitesse donne lieu à un type de mouvement distinct.

MOUVEMENT RECTILIGNE UNIFORME

Un mouvement rectiligne uniforme se caractérise par une **trajectoire rectiligne** et une **vitesse constante**. Cela veut dire que sa **vitesse moyenne** est la même que sa vitesse instantanée. La formule mathématique de ce type de mouvement est : $x = x_0 + v \cdot t$, où x est la position qu'occupe alors le mobile, x_0 sa position initiale, v est la vitesse constante du mobile et le t le temps mis pour effectuer ce mouvement.

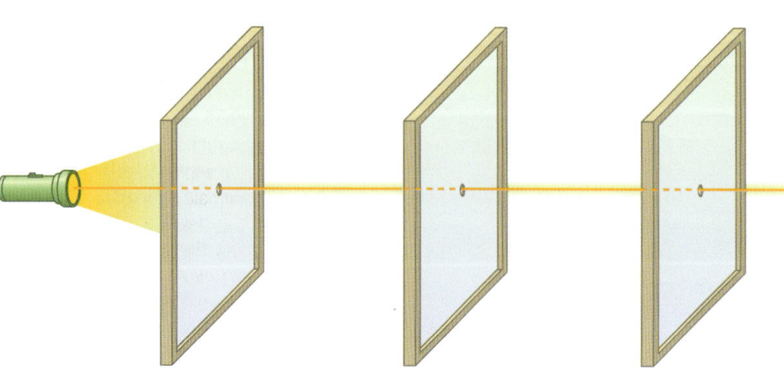

Si l'on aligne des écrans percés d'un trou en leur centre, la lumière d'un foyer lumineux passera par tous les trous à 300 000 km/s.

Il existe peu de mouvements rectilignes naturels. Le plus connu est sans doute le mouvement de la lumière dans un milieu homogène.

LE MOUVEMENT RECTILIGNE UNIFORMÉMENT ACCÉLÉRÉ

Dans ce type de mouvement, la trajectoire est aussi rectiligne, mais la vitesse varie uniformément. Cela signifie que son **accélération** est **constante**. Pour définir ce mouvement, il faut appliquer simultanément deux formules en étroite relation l'une avec l'autre :
$x = x_0 + 1/2 \cdot a \cdot t^2 + v_0 \cdot t$, et $v = a \cdot t + v_0$

SYMBOLES ET UNITÉS

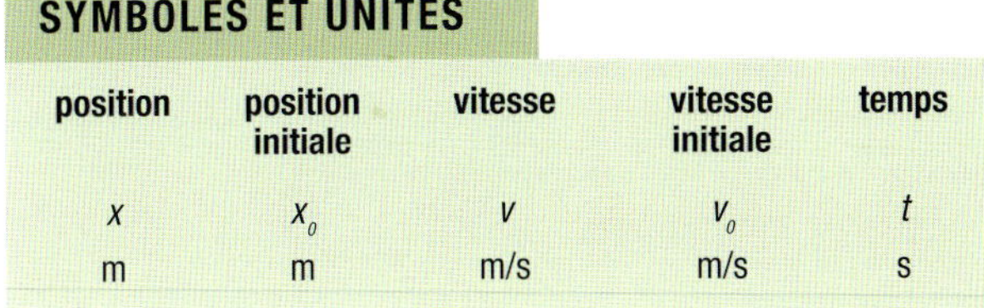

position	position initiale	vitesse	vitesse initiale	temps
x	x_0	v	v_0	t
m	m	m/s	m/s	s

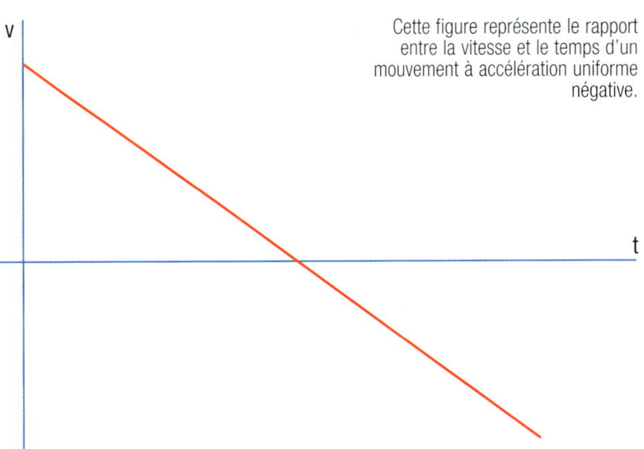

Cette figure représente le rapport entre la vitesse et le temps d'un mouvement à accélération uniforme négative.

LA CHUTE DES CORPS

Les corps soumis à l'action d'un **champ gravitationnel** tombent vers le centre de la planète avec un mouvement **rectiligne uniformément accéléré**. L'accélération de ce mouvement est l'intensité du champ gravitationnel exprimée en m/s². Ainsi, en cas de chute, nous tombons avec une accélération de 9,816 m/s². En réalité, les choses ne se passent pas exactement de cette façon, à cause du frottement de l'air.

Comme le frottement de l'air augmente avec la vitesse, il existe une **vitesse limite**. On l'atteint quand la force des frottements est égale au **poids**. À partir de ce moment, le mouvement sera uniforme, puisque la vitesse ne variera pas.

Ce sportif tombe sur le sol sans se faire mal, grâce à la forme de son parapente qui a une vitesse limite relativement petite.

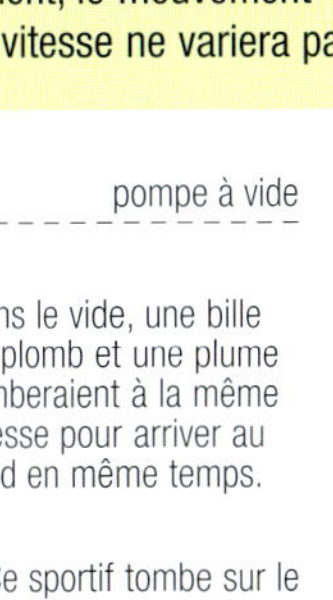

pompe à vide

Dans le vide, une bille de plomb et une plume tomberaient à la même vitesse pour arriver au fond en même temps.

LE COMPORTEMENT DU MOBILE

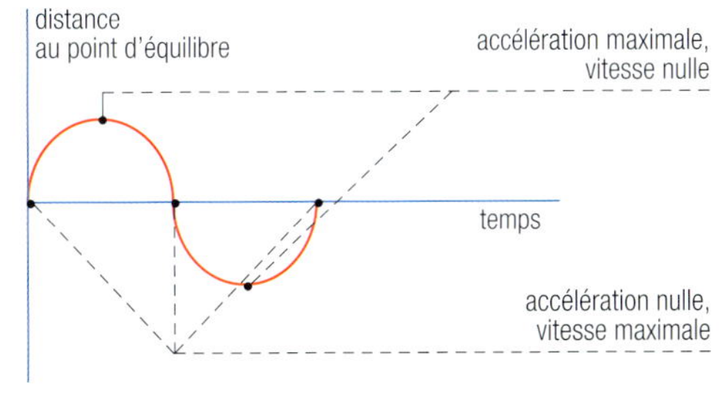

On dit que le mouvement vibratoire est un **mouvement périodique** parce que, à un intervalle déterminé, ou **période**, le mobile passe au même point, à la même vitesse et dans le même sens.

LE MOUVEMENT VIBRATOIRE

As-tu déjà vu, dans la chambre d'un bébé, un pantin pendu au plafond par un ressort lâche ? Si on tire dessus, il continuera à osciller avec un mouvement de va-et-vient pendant un long moment. Il s'agit d'un mouvement vibratoire appelé **harmonique**. Ce mouvement est rectiligne, puisque sa trajectoire est un segment de droite. Sa vitesse est maximale quand il passe au centre de sa trajectoire, et nulle quand il est à ses extrémités. Par conséquent, il a une accélération, mais celle-ci n'est pas uniforme puisqu'elle est maximale aux extrémités de sa trajectoire qui change aussi de sens, et nulle au centre de l'espace parcouru.

MOUVEMENT CIRCULAIRE UNIFORME

Ce mouvement a pour trajectoire un **cercle** et sa vitesse est constante. Les mouvements de ce genre ont deux vitesses distinctes et en étroite relation entres elles : la **vitesse linéaire** et la **vitesse angulaire**. Toutes deux sont en relation avec le rayon du cercle. Les formules mathématiques utilisées pour définir ce type de mouvement sont : $v = l/t$ pour la vitesse linéaire et $\omega = \varphi/t$ pour la vitesse angulaire, où l est l'arc parcouru, φ l'angle correspondant, v la vitesse linéaire et ω la vitesse angulaire.

ACCÉLÉRATION

Bien entendu, il existe une **accélération linéaire** et une **accélération angulaire**. L'accélération angulaire est la relation entre la variation de la vitesse angulaire et le temps écoulé. L'accélération linéaire a deux composantes : l'**accélération tangentielle**, qui est la relation entre l'intensité de la vitesse et le temps ; et l'**accélération normale** ou **centripète**, qui se calcule mathématiquement en élevant au carré la vitesse linéaire divisée par le rayon : $a_c = v^2/R$; cette accélération est perceptible quand une automobile amorce un virage sans variation de sa vitesse.

Le compteur d'une automobile indique sa vitesse linéaire. En divisant la variation de cette vitesse par le temps, on obtient l'accélération tangentielle.

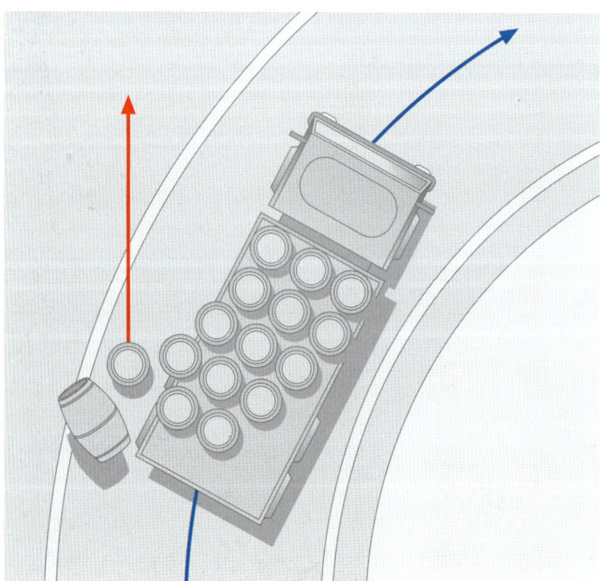

Cette platine tourne à une vitesse angulaire de 45 t/min , soit 45 tours ou révolutions par minute.

Un **radian** est une unité de mesure d'angle du système SI correspondant à l'angle au centre qui intercepte un arc de cercle de même longueur que celle du rayon du cercle.

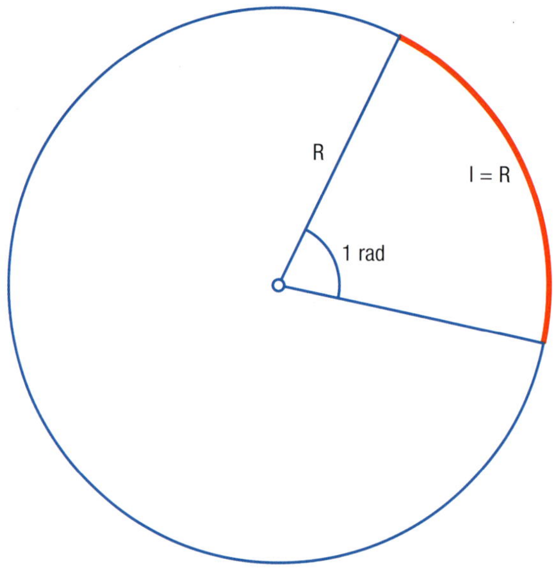

QUE PRODUIT UNE ACCÉLÉRATION ?

Quand le corps soumis à une accélération soutient un ou deux autres corps, des forces apparentes, appelées aussi **forces d'inertie**, ont pour effet que les deux corps acquièrent un mouvement distinct. En réalité, le corps qui ne subit pas l'accélération tente de poursuivre son chemin avec un mouvement rectiligne uniforme. Ainsi, quand la pierre qui tourne, unie à la fronde, est libérée, elle disparaît en suivant la direction qu'avait la corde à ce moment-là.

Dans le virage, les tonneaux chargés dans le camion se déplacent vers l'extérieur du virage, et tendent à suivre une ligne droite.

LES RELATIONS ENTRE GRANDEURS LINÉAIRES ET ANGULAIRES

As-tu déjà pratiqué le jeu suivant ? Cinq ou six enfants se prennent les mains et se placent en ligne droite. Pendant que l'enfant qui est situé à une extrémité tourne sur lui-même, les autres essaient de le suivre à la même **vitesse angulaire**. Il est presque impossible à l'enfant situé à l'autre extrémité de suivre le premier enfant. Pourquoi ? À mesure que l'on s'éloigne du centre, il faut parcourir davantage d'espace pour couvrir un angle déterminé. Un tour complet représente un petit mouvement pour les pieds du premier enfant tandis que le dernier doit parcourir $2 \cdot \pi \cdot R$, où *R* est la distance entre deux enfants. La circonférence entière mesure $2\ \pi$ radians, ainsi la relation entre l'angle et l'arc est le radian, sous cette forme :

- $l = \varphi \cdot R$
- $v = \omega \cdot R$
- $a = \alpha \cdot R$

puisque les grandeurs angulaires sont toujours exprimées en radians.

À chaque tour, l'enfant *B* parcourt un arc de cercle beaucoup plus long que l'enfant *A*.

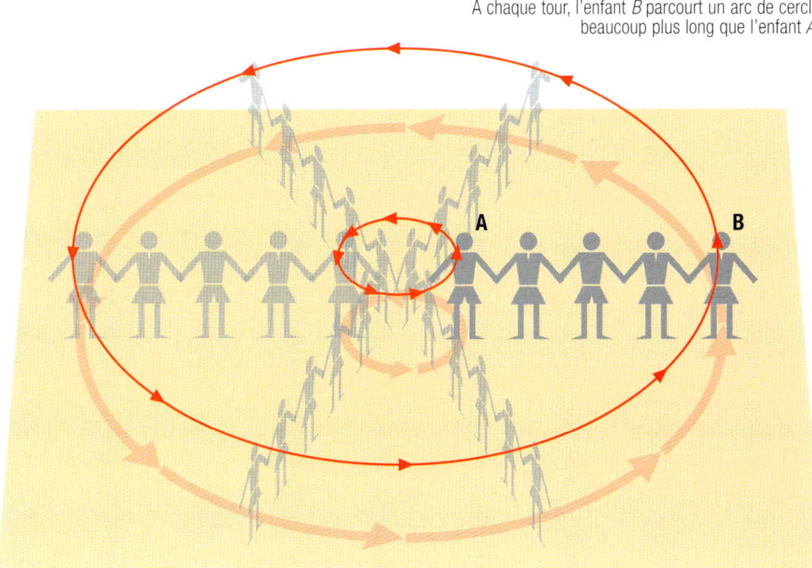

LE MOUVEMENT PENDULAIRE

Si nous attachons une masse à un fil et si nous fixons l'extrémité de ce fil à un support, nous obtenons un **pendule**. Lorsque nous déplaçons la masse de sa **position d'équilibre**, elle prend un mouvement dit pendulaire. C'est un mouvement circulaire, puisque sa trajectoire est un **arc de cercle**. Mais il n'est pas uniforme puisque sa vitesse varie de façon constante. De même, son accélération n'est pas uniforme, puisqu'elle varie. Observons. À chaque extrémité, le pendule s'arrête et **inverse le sens** de son oscillation. Quand il passe par le point d'équilibre, sa vitesse est maximale et, à cet instant précis, son accélération est nulle.

Le mouvement vibratoire et le mouvement pendulaire ne se différencient que par la forme de leurs trajectoires. Par conséquent, le mouvement pendulaire est aussi un mouvement périodique.

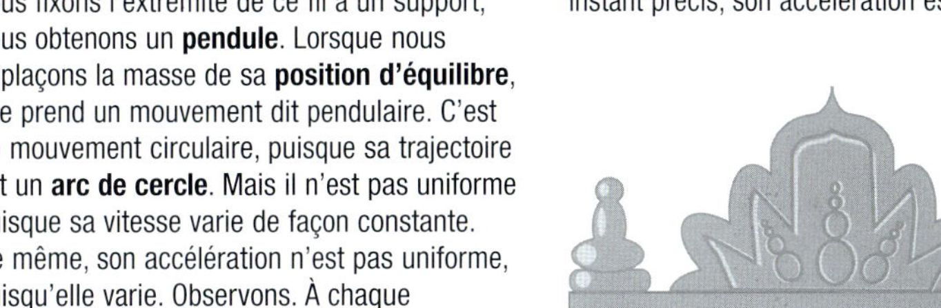

La période du mouvement pendulaire est utilisée, depuis de longues années, pour marquer le rythme des horloges.

UNITÉS ET SYMBOLES

GRANDEUR	SYMBOLE	UNITÉ
longueur de l'arc	l	m
angle	φ	rad
vitesse linéaire	v	m/s
vitesse angulaire	ω	rad/s
accélération linéaire	a	m/s^2
accélération angulaire	α	rad/s^2

LES CARACTÉRISTIQUES DES MOUVEMENTS PÉRIODIQUES

Les mouvements périodiques ont deux caractéristiques étroitement liées : la **période** et la **fréquence**. La période est le temps mis par le mobile pour accomplir une oscillation complète, c'est-à-dire pour passer deux fois de suite par le même point, avec la même direction et le même sens. La fréquence est le nombre d'oscillations du mobile par unité de temps.

LA COMPOSITION DES MOUVEMENTS

Si tu joues au basket-ball, tu ne lances jamais directement le ballon dans le panier d'un tir tendu : il n'y entrerait pas. Quand nous lançons un objet, nous savons très bien que sa trajectoire n'est pas droite, mais parabolique. Pourquoi ? S'il n'existait pas d'autre force que celle du ballon, celui-ci aurait une trajectoire rectiligne avec une vitesse constante. Mais son poids le fait tomber avec une accélération égale à la gravité. Le mouvement parabolique résulte de l'action conjointe de ces deux mouvements.

LE TIR HORIZONTAL

Imagine un nageur qui court sur un plongeoir de 5 m de haut. Quand il arrive au bout, son mouvement horizontal a une vitesse déterminée. S'il n'y avait pas de **forces de frottement**, cette vitesse serait constante. Nous allons supposer qu'il n'y en a pas. À partir du moment où ses pieds cessent de toucher le plongeoir, le plongeur commence à tomber avec un **mouvement uniformément accéléré**. Mathématiquement, ses coordonnées seraient : $x = v \cdot t$ et $y = h - {}^{1}/_{2} \cdot 9{,}816 \cdot t^2$. Nous tenons compte du fait qu'il n'a pas de vitesse initiale verticale et que, lorsqu'il saute, ses coordonnées sont zéro horizontalement et h (hauteur du plongeoir) verticalement. En remplaçant le temps par des valeurs concrètes, nous pourrions connaître la position du plongeur à chaque instant. Quand la hauteur h sera égale à zéro, il touchera l'eau.

LE TIR OBLIQUE

L'étude du tir oblique est très proche de celle du tir horizontal. D'abord, décomposons la **vitesse initiale** en la somme de la vitesse horizontale et de la vitesse verticale jusqu'en haut. Ensuite, considérons le mouvement comme la somme des deux mouvements perpendiculaires entre eux : un lancer vertical (mouvement uniformément accéléré) et un autre horizontal (mouvement uniforme). En prenant pour valeur zéro la hauteur initiale du lancer, leurs équations seraient : $x = v_x \cdot t$; $y = v_y \cdot t - {}^{1}/_{2} \cdot 9{,}816 \cdot t^2$.

D'un même point, on peut atteindre le même objectif en utilisant des angles différents.

PORTÉE ET HAUTEUR MAXIMALE

On appelle « portée » la distance maximale que peut atteindre le projectile, mesurée horizontalement.

La valeur maximale de y s'appelle hauteur maximale.

COMPOSITION DE DEUX MOUVEMENTS VIBRATOIRES PERPENDICULAIRES

Il est curieux d'observer que la somme de deux mouvements vibratoires perpendiculaires peut donner des mouvements de trajectoires très diverses en fonction de la **fréquence**, de l'**amplitude** et de la **position initiale** de ces deux mouvements.

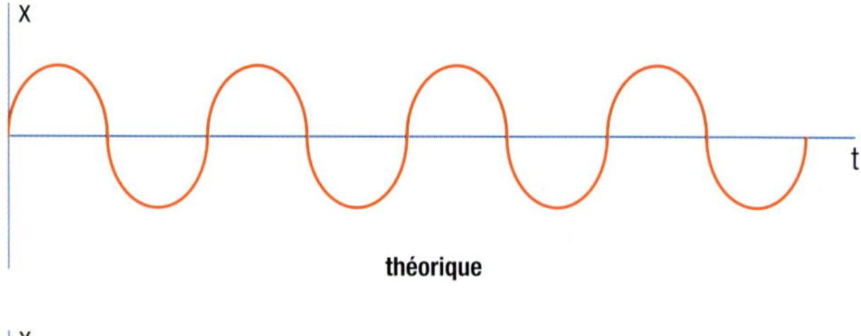

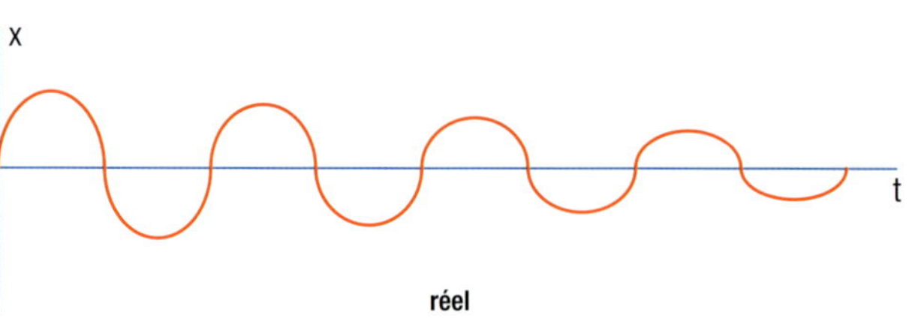

L'amplitude des mouvements vibratoires réels diminue avec le temps. Ce phénomène est utilisé pour fabriquer des amortisseurs de voiture.

MÊME FRÉQUENCE ET AMPLITUDE MAXIMALE

Si deux mouvements vibratoires perpendiculaires entre eux et de même fréquence s'effectuent ensemble et s'ils commencent avec l'amplitude maximale, on obtient un **mouvement vibratoire oblique** dont l'angle dépend de l'amplitude des mouvements initiaux.

MÊME FRÉQUENCE ET AMPLITUDE DIFFÉRENTE

Quand un corps est soumis simultanément à deux mouvements vibratoires perpendiculaires entre eux et de même fréquence, si nous étudions séparément les deux mouvements, nous voyons que la position initiale du mobile est différente pour chacun d'eux : pour l'un, c'est le point le plus éloigné de la position d'équilibre ; et pour l'autre, c'est un point qui en est très proche. Il en résulte un **mouvement elliptique**. L'**excentricité** de l'ellipse dessinée par le mobile est d'autant plus grande que la position initiale du second mouvement est plus éloignée de sa position d'équilibre.

Si les deux mouvements sont de même amplitude, l'angle sera de 45°.

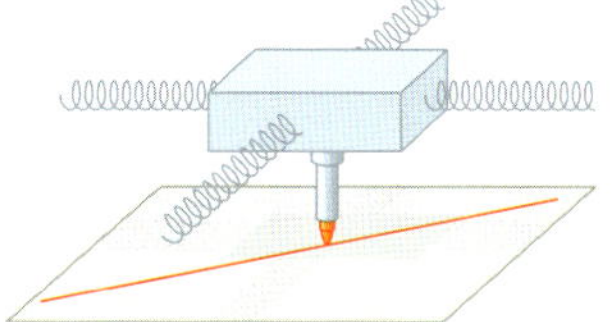

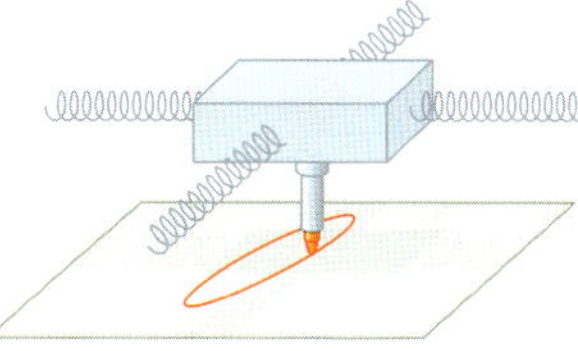

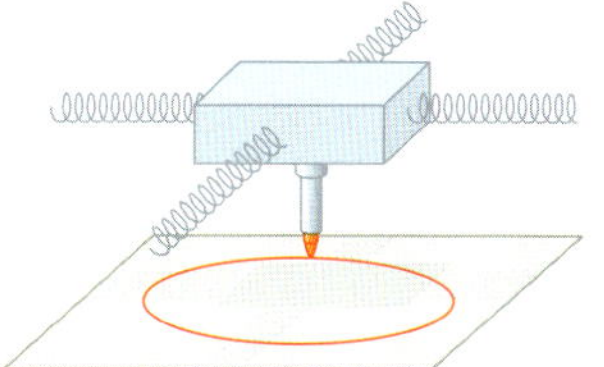

Le marqueur laisse la trace de la vibration des ressorts.

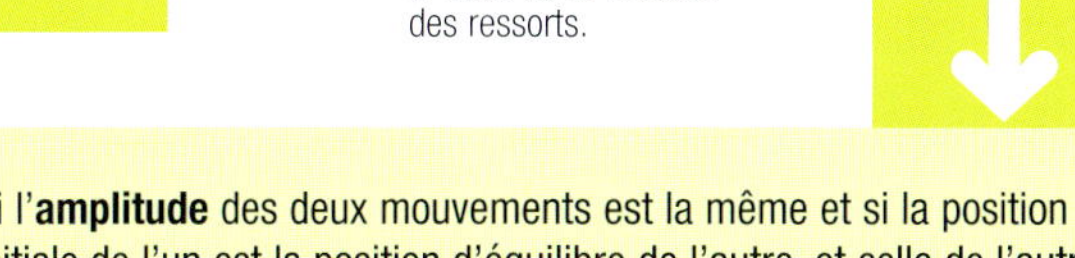

Si l'**amplitude** des deux mouvements est la même et si la position initiale de l'un est la position d'équilibre de l'autre, et celle de l'autre la position la plus éloignée, il en résulte un **mouvement circulaire**.

Cyclones et anticyclones résultent d'une composition de mouvements : l'air chaud de l'équateur va jusqu'aux pôles. Entre ce mouvement et la rotation de la Terre, l'air tourne dans le sens des aiguilles d'une montre (anticyclone) ou en sens contraire (cyclone).

FRÉQUENCE DIFFÉRENTE

Quand un corps est soumis simultanément à deux mouvements vibratoires perpendiculaires entre eux mais de fréquence différente, il en résulte un mouvement périodique qui possède une trajectoire connue sous le nom de **courbe de Lissajous**.

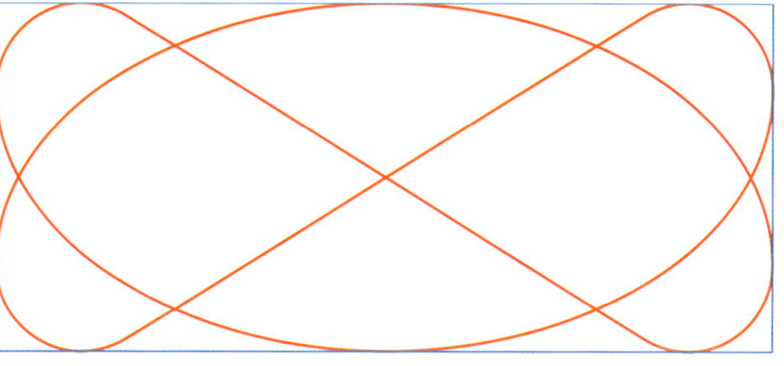

Une courbe de Lissajous résulte de la composition de deux mouvements vibratoires perpendiculaires entre eux.

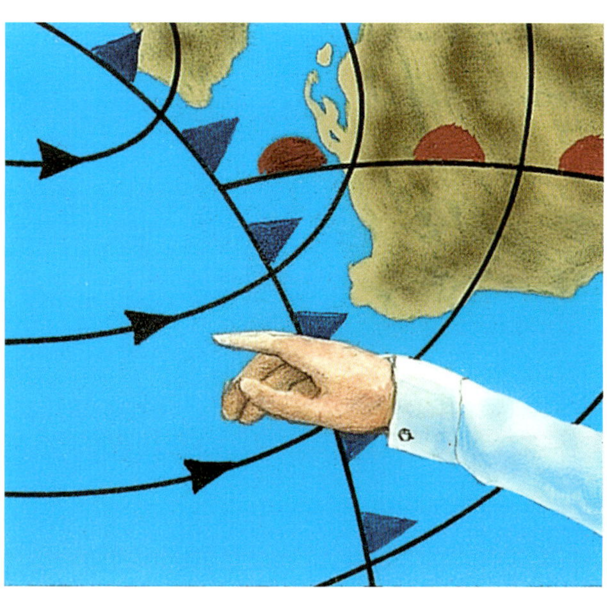

FORCE ET MOUVEMENT

Il découle de la définition de la force qu'il existe une relation entre force et mouvement. Le bon sens nous indique, souvent à tort, que tout mouvement est dû à une force. Nous pouvons percevoir notre erreur si nous imaginons un disque d'acier qui glisse sur une surface lisse et horizontale du ciel. Ce mouvement est sans fin. Notre imagination nous trompe ? Non. Les forces sont liées aux variations de mouvements, mais non aux mouvements eux-mêmes.

LES LOIS DE NEWTON

La **dynamique**, étude des relations entre les forces et le mouvement, s'appuie sur les trois lois de Newton, ou lois de la dynamique :

- **Principe d'inertie**. Une masse ne peut par elle-même faire varier son état de repos ou de mouvement.
- **Principe fondamental**. La masse est la relation qui existe entre la force appliquée à un corps et l'accélération qu'il acquiert : $F = m \cdot a$.
- **Principe de l'action et de la réaction**. À toute force d'action correspond une force de réaction de même intensité, de même direction, de sens contraire et de point d'application différent.

La navette spatiale a un mouvement rectiligne et uniforme dans l'espace. Comme elle ne subit aucune force, elle n'a aucune accélération.

Isaac Newton (1642-1727), physicien mathématicien et astronome anglais.

Pour freiner un corps en marche, il faut une force de sens contraire à celui de la vitesse.

La somme de toutes les forces appliquées au chariot est le produit de sa masse par son accélération : $F - F_f = m \cdot a$. Si l'accélération est nulle, la force F sera égale à la force de frottement (F_f).

L'élan pris pour sauter sur le quai fait reculer la barque selon le principe de l'action et de la réaction.

Le point d'application de la force d'action est situé sur le corps qui subit l'action de cette force. Le point d'application de la force de réaction est situé sur le corps qui provoque cette force.

L'ACCÉLÉRATION DE LA PESANTEUR

Quand nous lâchons une pierre, elle tombe. La force qui la fait tomber est son poids. Nous avons vu que le poids est : $P = m \cdot g$. Il est facile d'en déduire que si $F = m \cdot a$ et que si le poids est la force responsable de la chute des corps, alors $a = g$. Cela signifie que l'**intensité du champ gravitationnel** et l'**accélération de la pesanteur** sont égales.

LE NEWTON

Un newton est la force qui transmet à un corps, dont la masse est de 1 kg, une accélération d'un mètre par seconde au carré : $1\ N = 1\ kg/1\ m/s^2$

LA CHUTE LIBRE

La dynamique nous a montré que la gravité est une accélération. Ainsi, la chute d'un corps est un mouvement **rectiligne uniformément accéléré** dont l'**accélération** est celle de la pesanteur. Ceci nous permet de calculer la vitesse à laquelle tombera une masse en chute libre dans l'air, sans tenir compte du frottement : $v = g \cdot t$, ou bien de calculer la hauteur d'une tour en fonction du temps de chute d'un corps : $h = g \cdot t^2/2$.

Au fur et à mesure de sa chute, la vitesse du coffre augmente.

LA FORCE DE FROTTEMENT

Les frottements sont des forces de **réaction**. Quand nous essayons de faire glisser une masse sur une surface, les irrégularités de ce corps s'ajustent à celles de la surface. Quand nous poussons la masse, celle-ci exerce une poussée sur la surface qui exerce une force de réaction de **sens contraire**, ce qui entrave notre action.

Même si cela paraît incroyable, le mouvement existe grâce aux frottements : nous pouvons marcher grâce aux frottements entre le sol et nos chaussures.

LA FORCE DE TRACTION

La traction est le mode d'action d'une force motrice pour accomplir un déplacement. Nous envisagerons deux cas : celui d'un mouvement de traction horizontal sur une surface et celui d'un mouvement vertical.

- Quand nous tirons **horizontalement** une masse, nous devons vaincre deux forces en même temps : les **frottements** avec la surface support et la **force d'inertie** : $T = F_f + m \cdot a$.
- Prenons le cas d'un ascenseur. Si nous considérons les frottements comme nuls, la force de traction pour faire monter l'ascenseur doit vaincre le **poids** de l'ascenseur et, de plus, lui communiquer une **accélération**. D'où la traction : $T = m \cdot g + m \cdot a$.

Si un ascenseur freine pendant la montée, le câble devra supporter une traction égale au poids et à la force d'inertie, mais, comme celle-ci est négative, la traction sera inférieure au poids.

LES FORCES ET LA GRUE

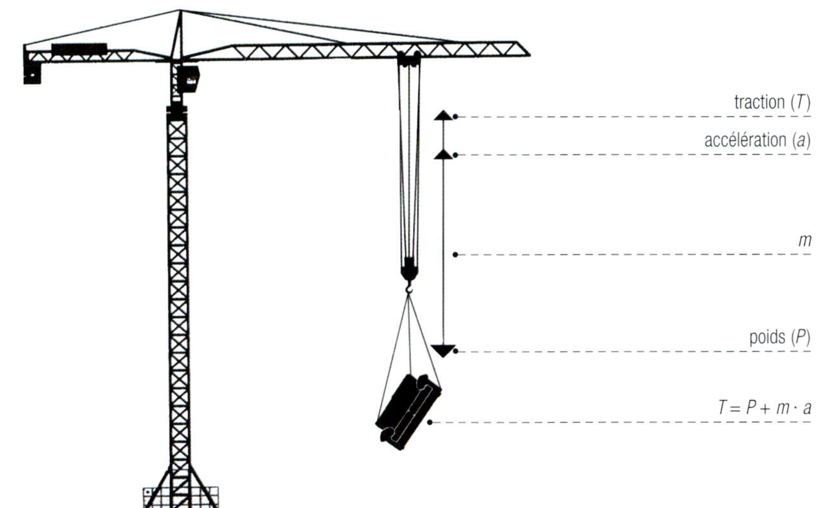

TRAVAIL, PUISSANCE ET ÉNERGIE

Toute activité que nous soutenons dans la vie courante nécessite un effort, un travail. Pour effectuer ce travail, nous devons prendre certaines précautions : manger le mieux possible, boire, dormir… afin d'obtenir l'énergie dont nous avons besoin. Quand c'est nécessaire, cette énergie se transforme en travail. Il y a parfois une déperdition d'énergie sous forme de chaleur. Nous disons qu'une énergie se perd quand elle n'est pas utilisée pour effectuer un travail.

LE TRAVAIL

En physique, le travail est le produit de l'**intensité** d'une force par le **déplacement** engendré dans la direction de la force. Il faut distinguer le sens de ce mot en physique de celui qu'il prend dans la vie courante où il signifie effort, activité. Ainsi, pour qu'on puisse parler de travail, il faut que trois conditions soient réunies :

- qu'il existe une force ;
- que la force déplace son point d'application ;
- que la direction de la force et celle du déplacement ne soient pas perpendiculaires.

L'être humain s'alimente pour accumuler de l'énergie et être capable d'accomplir un travail physique.

Le **travail** se définit par une formule mathématique :
$W = F_x \cdot d_x$.
F_x est une force horizontale.

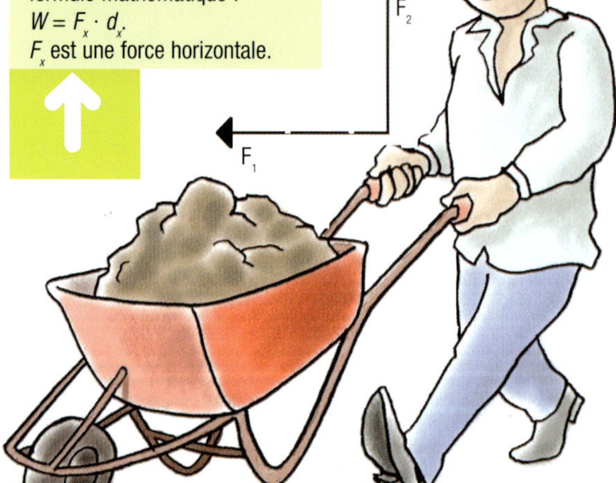

L'homme qui pousse la brouette exerce une force qui a deux composantes : F_1 qui la déplace (travail) et F_2 qui la soulève (sans travail).

UNITÉS DE TRAVAIL ET DE PUISSANCE

CGS	SI	MKS	autres
erg	J (joule)	kgm (kilogrammètre)	kWh (kilowattheure)
erg/s	W (watt)	kgm/s	ch (cheval-vapeur)

LA PUISSANCE

Une machine est conçue pour effectuer un travail. Mais on ne connaît pas le temps qu'il lui faudra. La relation entre un travail et le temps écoulé pour le réaliser s'appelle puissance : $P = W/t$. Ainsi, le moteur d'un camion est plus puissant que celui d'une automobile, parce qu'il peut produire beaucoup plus de travail dans le même temps.

1 kWh est un travail équivalent à 3 600 000 joules, soit approximativement le travail d'une force qui déplace une masse de 360 000 kg sur 1 m.

Le moteur d'un gros camion développe beaucoup plus de puissance que celui d'un véhicule particulier.

Introduction
Les forces
Le mouvement
L’énergie
La chaleur
Les fluides
Les oscillations et les ondes
Le son
L’optique
L’électricité
La matière
La structure de la matière
Les mélanges
Les corps purs
Les réactions chimiques
Index

L’ÉNERGIE

L’énergie est la capacité d’un système à produire un travail, que ce soit par la position initiale du système (**énergie potentielle**) ou par sa mise en mouvement (**énergie cinétique**). Le travail se produit pendant le changement de forme de l’énergie. L’eau d’un réservoir, un ressort comprimé, une roche à la cime d’une montagne, une pile électrique déconnectée… tous ces éléments représentent une énergie potentielle. L’eau en s’écoulant du réservoir, le ressort en se détendant, la roche en tombant… sont des formes d’énergie cinétique.

Les piles électriques permettent à certains appareils d’être portables et autonomes, grâce à leur énergie potentielle.

LES FORMES D’ÉNERGIE

Il existe différentes formes d’énergie. Il suffit de penser à tout ce qui peut produire un mouvement. Les plus importantes sont les énergies **mécanique**, **chimique**, **électrique**, **thermique**, **lumineuse**, **nucléaire**, etc. Ces formes d’énergie sont **transformables** les unes en les autres. Ainsi par exemple, dans une centrale nucléaire, l’énergie nucléaire se transforme en énergie thermique et celle-ci en énergie mécanique avant de se transformer à son tour en électricité. Une fois distribuée dans le réseau, elle continuera à donner différents types d’énergie selon le désir du consommateur.

Dans la plupart des cas, l’énergie qui s’est transformée en travail devient de l’énergie thermique qui se diffuse dans l’air.

LES FORMES D’ÉNERGIE

énergie thermique, énergie lumineuse

énergie mécanique (moteur)

énergie thermique, énergie rayonnante

énergie chimique (batterie)

LES ÉNERGIES FOSSILES

Les énergies fossiles sont des combustibles (**charbon**, **gaz naturel**, **pétrole**) qui se sont constitués au cours des temps géologiques à partir de restes de végétaux et d’animaux. Après s’être consumées, elles ne se régénèrent pas, si bien que leurs réserves s’épuisent. Il faut chercher des sources d’**énergie renouvelables** et propres qui ne polluent ni l’air ni le sol.

LES ÉNERGIES RENOUVELABLES

Les principales caractéristiques de ces sources d’énergie est que leur production est continue, qu’elles sont presque **inépuisables** et ne causent pas de **pollution**. Aujourd’hui, elles ne peuvent pas complètement remplacer les énergies fossiles, mais leur utilisation doit augmenter pour nous assurer une planète propre et des énergies durables. Les énergies renouvelables proviennent du Soleil (**énergie solaire**), du vent (**énergie éolienne**), de la chaleur interne de la Terre (**géothermie**), du potentiel de l’eau accumulée à des hauteurs déterminées (**énergie hydraulique**), de la biomasse (**bioénergie**)…

À gauche, le carburant que nous utilisons pour nos automobiles provient du pétrole, une énergie fossile qui sera épuisée dans quelques décennies.

Les plaques **photovoltaïques** captent l’énergie solaire, une énergie propre et inépuisable.

L'ÉNERGIE MÉCANIQUE

La capacité d'un marteau à produire un travail, la capacité de destruction d'une pierre quand elle est lancée dans l'air, ou celle du balancier en bois d'une catapulte sont des exemples de systèmes pourvus d'une énergie que nous appelons mécanique. Le mouvement crée la capacité de travail. Pour l'exploiter, un corps au repos doit être mis en mouvement. L'énergie mécanique d'un système est la composition de son énergie potentielle, due à sa position dans l'espace, et de son énergie cinétique, due à son mouvement.

Les catapultes antiques avaient une énergie potentielle de déformation.

ÉNERGIE POTENTIELLE

L'énergie potentielle d'un corps est due à sa **position** dans l'espace et elle ne se transforme pas directement en travail. L'énergie mécanique potentielle peut être soit de **déformation** soit de **gravitation**. Pour comprendre ce qu'est l'énergie potentielle de déformation, il suffit de prendre pour exemple une montre ancienne qu'il faut remonter chaque jour. Cette action sert à tendre un ressort qui se déforme. Il provoque alors le mouvement des aiguilles en récupérant sa forme primitive.

Nous utilisons souvent l'action de la pesanteur pour manier le marteau.

L'ÉNERGIE POTENTIELLE DE GRAVITATION

Quand nous soulevons un pic dans l'intention de l'enfoncer dans la terre, plus nous le levons et plus il s'enfonce dans la terre. Pour soulever le pic, nous effectuons un travail. Celui-ci est restitué quand le pic retombe au sol. L'énergie potentielle qui correspond au point le plus haut est une énergie potentielle de gravitation, parce qu'elle est due à la **pesanteur** dans le champ de gravitation de la Terre. La formule mathématique de l'énergie potentielle gravitationnelle est : $E_p = m \cdot g \cdot h$

La valeur absolue de l'énergie potentielle est en général inconnue. La valeur que l'on calcule est la différence d'énergie existant entre deux points situés à des hauteurs différentes.

L'ÉNERGIE CINÉTIQUE

L'énergie cinétique est l'**énergie mécanique** qu'un système possède du fait de son **mouvement**. Sa formule mathématique est : $E_c = {}^1/_2 \cdot m \cdot v^2$. Tout corps a une masse ; en mouvement, il a donc une énergie cinétique. Si une force agit sur une masse au repos ou en mouvement sans être perpendiculaire à la trajectoire, elle produit un travail. Si cette force provient de la vitesse, ce travail se transforme en énergie cinétique ; si la force est de sens contraire au déplacement, elle diminue l'énergie cinétique, donc la vitesse.

Quand le père pousse son enfant sur le tricycle, il effectue un travail qui se transforme en énergie cinétique.

QUANTITÉ DE MOUVEMENT

Quand une force agit sur une masse durant un certain temps, elle lui imprime une vitesse déterminée. Le produit de cette force par le temps qui s'est écoulé reçoit le nom d'**impulsion mécanique**. Le produit de la masse par la vitesse s'appelle quantité de mouvement.

L'énergie cinétique est proportionnelle au carré de la vitesse. Quand une automobile double sa vitesse, l'énergie cinétique, donc le danger, est alors multipliée par quatre.

L'énergie cinétique de la boule de droite est quatre fois plus grande que celle de gauche et sa quantité de mouvement est deux fois plus grande.

VARIATION DE LA QUANTITÉ DE MOUVEMENT

L'impulsion mécanique est égale à la variation de la quantité de mouvement qu'elle provoque : $F \cdot t = m \cdot v - m \cdot v_0$

LES COLLISIONS ÉLASTIQUES

Si nous observons deux boules de billard entrant en **collision**, nous voyons que leur contact est instantané et qu'elles ne présentent pas de déformation notable, parce qu'elles sont faites d'un matériau très dur. C'est un exemple de collision élastique où il n'y a pas de perte d'énergie cinétique ni de quantité de mouvement.

Après la collision, l'énergie cinétique et la quantité de mouvement de la boule blanche n'ont pas varié, mais elles se sont réparties entre la boule blanche et la noire.

Il n'existe aucune collision réelle parfaitement élastique ; il y a toujours, même si elle est très petite, une diminution de la vitesse, c'est-à-dire de l'énergie cinétique.

LES COLLISIONS INÉLASTIQUES

Ces collisions se produisent entre deux masses qui restent **unies** après la collision, par exemple un plomb de chasse et un arbre. Dans ce cas, la quantité de mouvement se conserve aussi, mais l'énergie cinétique subit une perte notable, d'autant plus importante que le travail de **déformation** qui a produit cette union est grand.

La collision du pied d'un avant avec le ballon est presque élastique, mais la collision du ballon avec le gardien qui le bloque est inélastique.

La plupart des collisions réelles sont élastiques, avec une proportion plus ou moins grande de collisions inélastiques.

LA CONSERVATION DE L'ÉNERGIE

Pour monter un seau plein d'eau au troisième étage à l'aide d'une poulie, nous dépensons de l'énergie et nous réalisons un travail. L'énergie consommée est en théorie égale au travail réalisé. En réalité, les frottements provoquent des pertes. Nous pouvons aussi nous demander si l'énergie dépensée a été perdue pendant la réalisation du travail. Elle s'est en fait transformée en énergie potentielle du seau plein d'eau et sûrement en chaleur qui s'est dégagée au niveau de la poulie.

LA CONSERVATION DE L'ÉNERGIE MÉCANIQUE

S'il n'y a pas de forces appliquées à un système, l'**énergie mécanique** se conserve. Il faut entendre par énergie mécanique la somme de l'**énergie cinétique** et de l'**énergie potentielle**. Ainsi, une pierre posée sur le bord d'une falaise a une énergie mécanique égale à son énergie potentielle, puisqu'elle est au repos. Faisons-la tomber. Supposons qu'il n'y a pas de frottement de l'air. La hauteur de la pierre diminue peu à peu, mais sa vitesse augmente de telle façon que la somme $m \cdot g \cdot h + {}^1/_2 \cdot m \cdot v^2$ reste constante. Quand la pierre arrive dans l'eau, toute son énergie se sera convertie en énergie cinétique.

Si nous lançons un objet verticalement en hauteur, l'**énergie cinétique** que nous lui transmettons se convertira en **énergie potentielle** à la hauteur maximale.

La pierre a la même énergie mécanique (*E*) dans les trois situations.

CALCUL DE VITESSES ET DE HAUTEURS

Le principe de conservation de l'énergie nous permet de calculer la hauteur maximale d'un objet lancé verticalement ; ou de calculer la vitesse d'un objet lancé verticalement ou tombant en chute libre dans le vide. Pour cela, il suffit d'écrire les équations des énergies mécaniques **initiale** et **finale** en fonction des grandeurs inconnues, puis d'égaliser ces équations pour en tirer la grandeur recherchée : E (initiale) = E (finale).

Le mortier lance le feu d'artifice à une hauteur telle que son énergie potentielle est égale à l'énergie cinétique qu'il avait à la sortie du canon.

TRAVAIL ET VARIATION D'ÉNERGIE

Si des forces agissent sur le corps que nous étudions, l'énergie mécanique est modifiée. Les forces appliquées se déplacent avec le corps et réalisent un travail au cours du déplacement. Ce travail augmente l'énergie mécanique s'il favorise le mouvement (**travail positif**) ou il la diminue s'il s'oppose au mouvement (**travail négatif**).

Grâce au travail dû au transport des trois livres de la seconde étagère à la quatrième (travail positif), l'énergie potentielle a augmenté.

Il existe des forces dont nous ne pouvons jamais nous libérer : les **frottements**. Nous pouvons parfois les négliger s'ils sont très petits.

En tentant de ralentir le chien, le maître produit un travail négatif qui réduit la vitesse de l'animal et donc son énergie cinétique.

LA CONSERVATION DE L'ÉNERGIE

La conservation de l'énergie d'un système isolé est un principe universel : l'énergie ne se crée ni ne se détruit, elle se transforme tout simplement. L'énergie mécanique mentionnée au paragraphe précédent est modifiée parce qu'une force extérieure produit un travail. Ce travail est apporté par une autre forme d'énergie. En outre, au cours de la réalisation du travail, une partie de ce travail se convertit sûrement en chaleur ou en une autre forme d'énergie. Selon ce principe, la somme de l'énergie étudiée et de l'énergie qui produit le travail est égale à la somme de l'énergie résultante et de la chaleur dégagée pendant l'opération.

La chaleur dégagée pendant un travail se propage normalement dans l'atmosphère et de là dans l'eau des lacs et des mers qui deviennent des cimetière d'énergie. Seule une petite partie de cette énergie est renouvelable. Sur cette photographie, la Liffey qui traverse Dublin (Irlande).

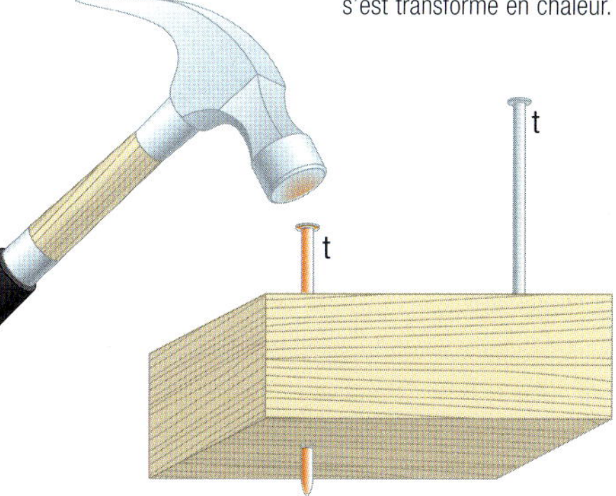

La température du clou a augmenté, puisque le travail produit par le marteau s'est transformé en chaleur.

L'ÉNERGIE EST-ELLE RÉELLEMENT CONSTANTE ?

En 1905, Albert Einstein établit l'équivalence entre la masse et l'énergie. Cela veut dire que la masse peut se transformer en énergie. Cette énergie peut se calculer mathématiquement à partir de la masse détruite : $E = m \cdot c^2$, où E est l'énergie produite, m la masse détruite et c la vitesse de la lumière (300 000 km/s).

En physique et chimie classiques, l'énergie absorbée ou dégagée est de l'ordre de quelques milliers de joules ; comme la vitesse de la lumière est un nombre très élevé, la variation de la masse est si petite qu'il est impossible de la mesurer, sauf dans les réactions nucléaires.

CONSERVATION DE LA MASSE ET DE L'ÉNERGIE

Pendant la réalisation de tout processus physique ou chimique, la somme de la masse et de l'énergie reste invariable.

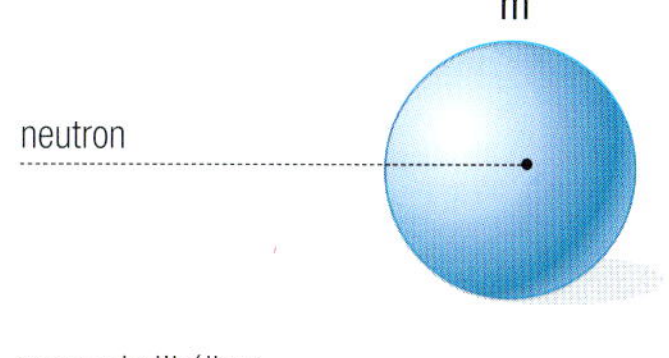

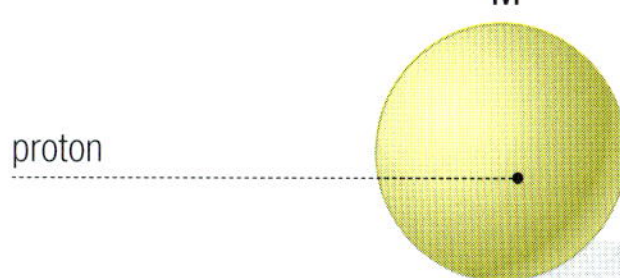

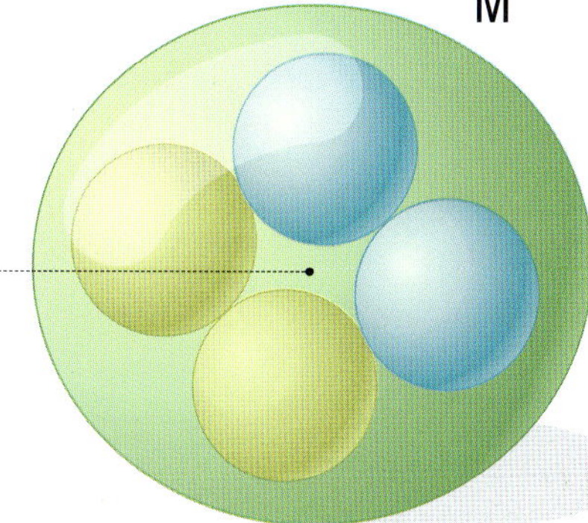

La masse du noyau d'hélium est légèrement plus faible que la masse totale des deux protons et des deux neutrons, car une grande quantité d'énergie a été dépensée lors de la formation du noyau.

LA CHALEUR, UNE FORME D'ÉNERGIE

L'expérience nous montre que la température d'un corps froid placé au contact d'un corps plus chaud augmente. Les molécules d'un corps possédant une énergie cinétique qui est fonction de la température, l'énergie de chacun des deux corps s'est donc modifiée. L'énergie transférée du corps froid au corps chaud se nomme « chaleur ».

LA TRANSFORMATION DU TRAVAIL EN CHALEUR

Quand une automobile roule à une certaine vitesse sur une route horizontale, elle possède une **énergie cinétique**. Pour l'arrêter, on fait agir la **force des freins**. Cette force produit un **travail** qui annule toute l'énergie cinétique de la voiture. Lorsque nous touchons les freins, nous constatons qu'ils ont beaucoup chauffé. Tout le travail s'est dissipé sous forme de **chaleur**.

L'allumette, en passant sur le frottoir de la boîte, dégage assez de chaleur pour s'enflammer.

LA TRANSFORMATION DE LA CHALEUR EN TRAVAIL

La chaleur d'un corps chaud (**source chaude**) diminuera seulement pour passer dans un corps qui est à une température inférieure (**source froide**). Durant cet échange de chaleur, il peut se produire un **travail** dans une **machine thermique**. La chaleur transférée ne se transforme jamais en travail dans sa totalité : il y en a toujours une partie qui passe dans l'atmosphère ou dans un réfrigérant.

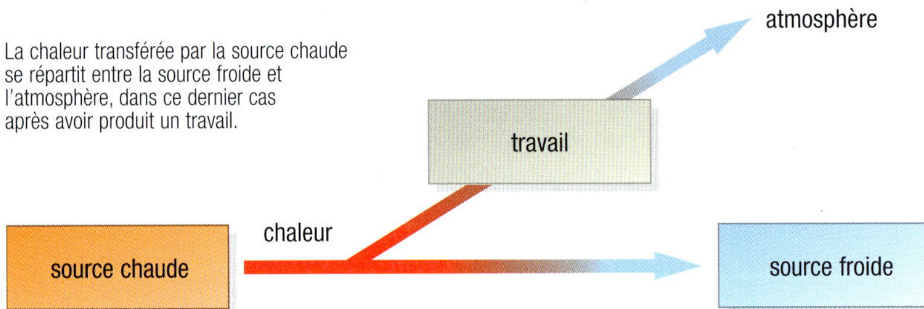

La chaleur transférée par la source chaude se répartit entre la source froide et l'atmosphère, dans ce dernier cas après avoir produit un travail.

Tout le travail produit peut se convertir en énergie thermique, mais seule une partie de celle-ci peut se transformer en travail.

LES MACHINES THERMIQUES

La machine thermique la plus simple est une boîte métallique fermée par un bouchon de liège. Cette boîte est ensuite mise au bain-marie afin d'élever la température de l'air contenu dans la boîte. La pression à l'intérieur augmente et provoque l'expansion de l'air chaud qui produit un travail : l'expulsion du bouchon. Si l'expérience avait été réalisée avec une boîte chauffée à 100 C°, le bouchon n'aurait pas été expulsé, car les températures intérieure et extérieure auraient été identiques.

Une machine thermique simple.

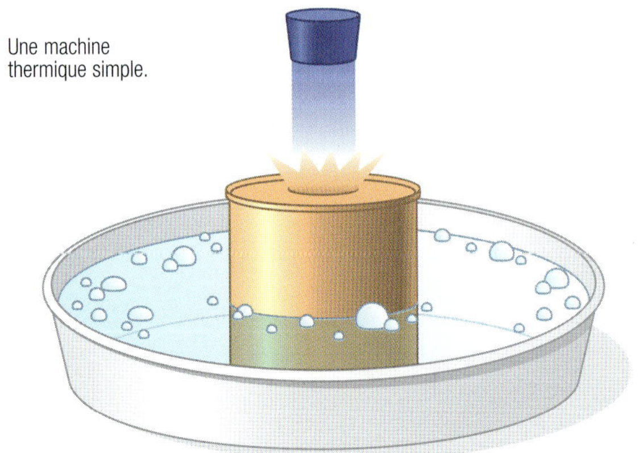

MACHINES THERMIQUES DOMESTIQUES

Dans les cuisines, on rencontre diverses machines thermiques conçues pour réaliser certains travaux. Ainsi, dans une cafetière l'eau en se réchauffant monte d'un réservoir dans un autre. Dans un autocuiseur, l'augmentation de la température fait monter la pression de la vapeur d'eau contenue à l'intérieur. Cette vapeur fait tourner le régulateur de pression et s'échappe à l'extérieur qui se trouve à une température moindre.

LE RENDEMENT D'UNE MACHINE THERMIQUE

Dans une machine, la source chaude à la température T_1 reçoit une quantité de chaleur Q_1 et cède une quantité de chaleur Q_2 à la source froide qui se trouve à une température T_2 inférieure à T_1. Seule la différence entre Q_1 et Q_2 peut se transformer en travail.
On appelle **rendement théorique** le quotient $\eta = (T_1 - T_2) / T_1$. Si la température de la source froide était de zéro, le rendement serait de un.

T est la température absolue exprimée en *kelvins* (K) :
T (K) = *t* (°C) + 273,15.
Le zéro absolu est
0K = – 273, 15 °C.

On appelle **rendement pratique** le quotient entre le travail réalisé et l'énergie qui serait obtenue en brûlant complètement le combustible.

Les moteurs à vapeur servent encore, dans certaines industries, à déplacer de grandes machines sur de longues durées.

MACHINES À VAPEUR

Nous avons tous vu une de ces vieilles machines qui lancent des jets de fumée et qui sont entourées de vapeur blanche. Elles sont anciennes, mais ce sont les premières machines à vapeur destinées au transport.
La température de l'eau, chauffée par une **chaudière**, entraîne la formation de vapeur **sous pression** et à **haute température**. Cette vapeur s'échappe dans l'atmosphère après avoir poussé un piston qui provoque la rotation des roues. Un système ingénieux fait que la vapeur pousse successivement le piston dans les deux sens.

SCHÉMA D'UNE MACHINE À VAPEUR

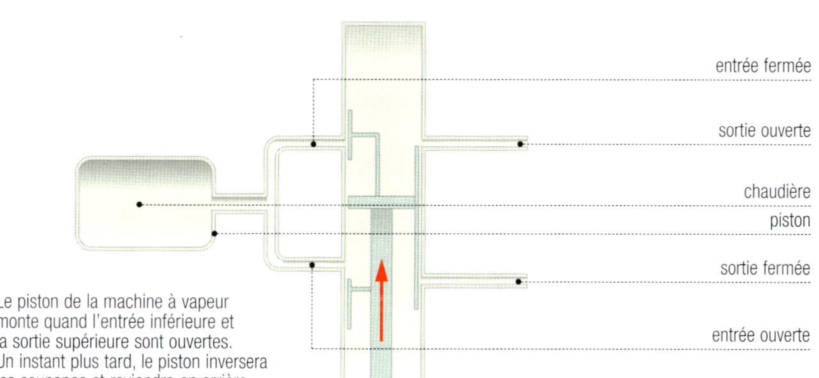

Le piston de la machine à vapeur monte quand l'entrée inférieure et la sortie supérieure sont ouvertes. Un instant plus tard, le piston inversera les soupapes et reviendra en arrière.

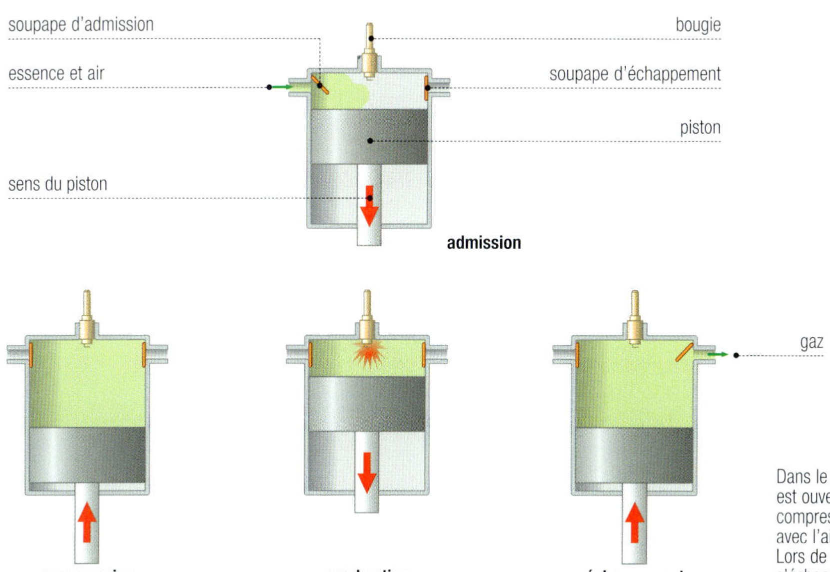

LES MOTEURS À COMBUSTION INTERNE

Ces moteurs utilisent directement la chaleur que produit en brûlant un **combustible fossile** pour réaliser un **travail**. On peut citer : le moteur à **deux temps**, utilisé pour les motocyclettes ; le moteur à **quatre temps**, qui équipe depuis longtemps la plupart des automobiles ; le moteur **diesel à injection**, qui fonctionne à une température telle qu'il n'a pas besoin de carburateur. Aujourd'hui, on utilise les moteurs à **turbocompresseur** qui sont suralimentés grâce à des pompes à injection de combustible et d'air.

Dans le moteur à essence à quatre temps, lors de l'admission, seule est ouverte la soupape d'entrée du mélange essence air. Lors de la compression, toutes les soupapes sont fermées. L'essence brûle avec l'air pendant la combustion, toutes les soupapes étant fermées. Lors de l'échappement, la soupape de sortie s'ouvre pour laisser s'échapper les gaz de combustion.

LES EFFETS DE LA TEMPÉRATURE

Outre la production de travail grâce à des machines thermiques, dans la vie quotidienne, il existe d'autres phénomènes dépendant de la température : le réchauffement des corps, les thermomètres, les changements d'état physique de la matière, etc. L'expérience nous enseigne que les matériaux réagissent différemment quand on les chauffe ; ainsi l'eau met du temps avant de bouillir alors qu'une petite cuiller en argent atteint, en un instant, une température élevée.

LA PROPAGATION DE LA CHALEUR

La chaleur se propage d'une source chaude à une source froide en utilisant trois moyens :

- La **conduction** entre deux corps en contact. L'énergie cinétique des molécules d'un corps augmente avec la température et se transmet aux molécules voisines : une tige de fer, dont une extrémité se trouve dans le feu, devient brûlante sur toute sa longueur.
- La **convection** lorsque la substance de transmission est fluide. Les liquides et les gaz chauds ont une densité moindre que s'ils sont froids. Ils montent donc et sont remplacés par d'autres plus froids qui se réchauffent à leur tour. Ainsi, l'air d'une chambre chauffée est plus chaud en haut de la pièce qu'en bas.
- Le **rayonnement** sans contact et même dans le vide. La chaleur du Soleil (rayons infrarouges) parvient jusqu'à nous dans le vide, sans support matériel.

La chaleur de la poêle est conduite jusqu'à la main du cuisinier par la cuiller.

Quand nous nous chauffons les mains au feu, la chaleur se propage par rayonnement.

L'air froid entre dans le radiateur par sa partie inférieure et il en sort réchauffé par la partie supérieure, en établissant une circulation par convection.

LA DILATATION

En été, quand la chaleur est torride, nous voyons monter la colonne d'alcool du thermomètre. Pourquoi ? Les substances occupent davantage de volume quand la température augmente. Ce phénomène s'appelle la **dilatation volumique**. Le volume qu'occupe un corps est : $V = V_0 (1 + \alpha \cdot t)$, où V_0 est le volume occupé à 0 °C ; α le **coefficient de dilatation volumique** qui dépend du solide ou du liquide, mais pas du gaz qui se dilate ; et t la température en degrés centigrades.

Environ tous les 200 m, les rails de chemin de fer présentent une interruption pour pouvoir se dilater en été.

0 °C

glace fondante

100 °C

eau bouillante

LE COEFFICIENT DE DILATATION VOLUMIQUE

C'est l'augmentation de volume par unité de volume quand la température augmente d'un degré.

Il existe aussi une **dilatation linéaire** (variation de longueur) et une **dilatation superficielle** (variation de surface).

Sur les thermomètres, on place le 0 °C à la hauteur de la colonne d'alcool correspondant à la glace fondante, et le 100 °C à celle de l'eau bouillante.

LE RÉCHAUFFEMENT DES CORPS

Si nous utilisons une cuiller en métal pour cuisiner, elle sera très vite brûlante. Pour un usage prolongé, nous emploierons une cuiller en bois. Quelle propriété différencie le métal du bois ? Pour l'absorption d'une même quantité de chaleur par une même masse, la température du métal s'élève beaucoup plus. Le bois a une **chaleur massique** ou **spécifique** plus grande que le métal.

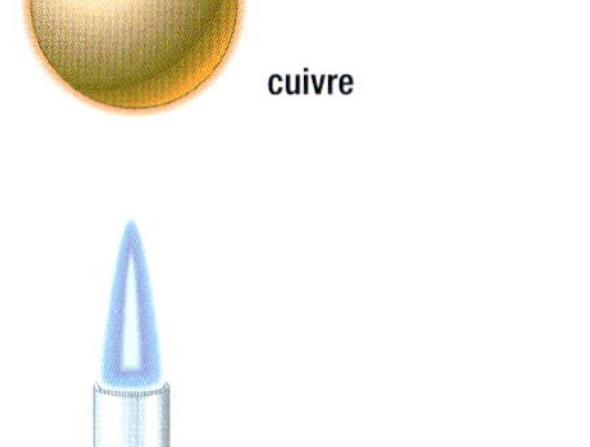

cuivre

verre

Deux boules de même masse sont placées durant le même temps au-dessus de deux becs Bunsen identiques ; la boule de cuivre chauffe bien plus que celle de verre.

LA QUANTITÉ DE CHALEUR ABSORBÉE

Nous avons déjà vu que lorsqu'un corps absorbe une quantité de chaleur, s'il ne change pas d'état, sa température augmente. Cette augmentation dépend de deux facteurs : la substance qui est chauffée et la masse de cette substance. Pour une variation déterminée de température, la quantité de chaleur nécessaire est $Q = c \cdot m\,(t - t_c)$, où c est la chaleur massique du corps, m sa masse, t la température finale et t_0 la température initiale.

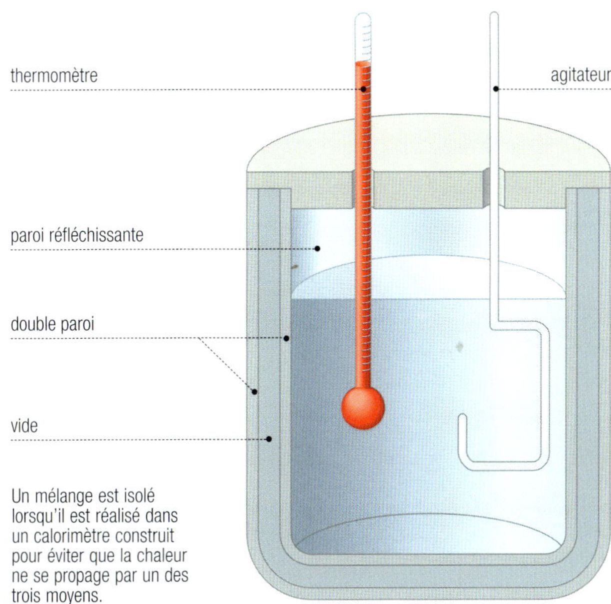

Un mélange est isolé lorsqu'il est réalisé dans un calorimètre construit pour éviter que la chaleur ne se propage par un des trois moyens.

LA CHALEUR MASSIQUE

C'est la quantité de chaleur nécessaire pour élever de 1 °C la température d'un corps ayant une masse de 1 kg. Chaque substance possède sa chaleur massique spécifique.

La quantité de chaleur se mesure en **joules**, mais la **calorie** est une ancienne unité encore très utilisée. Une calorie est la chaleur nécessaire pour élever la température d'un gramme d'eau de 14,5 °C à 15 °C.

Quand deux corps à température distincte entrent en contact et sont isolés, la quantité de chaleur gagnée par l'un deux est égale à la quantité de chaleur que perd l'autre. Cet échange mutuel dure jusqu'à ce que les températures soient identiques.

LES CARACTÉRISTIQUES DES LIQUIDES

Les matières sont souvent classées selon leur état physique. Mais il est difficile de décrire les propriétés communes à tous les liquides : ils diffèrent les uns des autres par leur densité. Il est important de connaître les liquides et leurs propriétés, car ils sont abondants et d'une importance vitale. L'eau à l'état liquide recouvre une grande partie de la Terre et forme l'essentiel de la composition des être vivants.

Un liquide est un **fluide**. Ses particules sont faiblement liées et en mouvement constant. Mais contrairement à celles des gaz, elles se contentent de glisser les unes sur les autres.

QU'EST-CE QU'UN LIQUIDE ?

Nous disons qu'une matière est un liquide quand elle n'a pas de forme propre, qu'elle adopte celle du récipient qui la contient, qu'elle ne peut se comprimer et que sa surface supérieure, à l'état libre, est **plane** et **horizontale**. Quand un liquide recouvre de grandes étendues, comme l'eau de la mer ou des lacs, la forme de sa surface peut être altérée par les phénomènes atmosphériques.

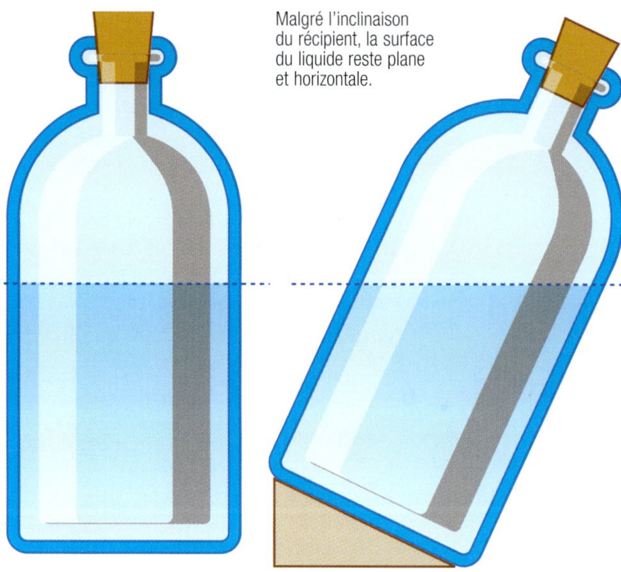

Malgré l'inclinaison du récipient, la surface du liquide reste plane et horizontale.

LES FORCES DE COHÉSION

La plupart des propriétés des liquides proviennent de **forces de cohésion** entre leurs molécules. Les forces existant entre les molécules du liquide et les parois du récipient sont les **forces adhésives** du récipient.

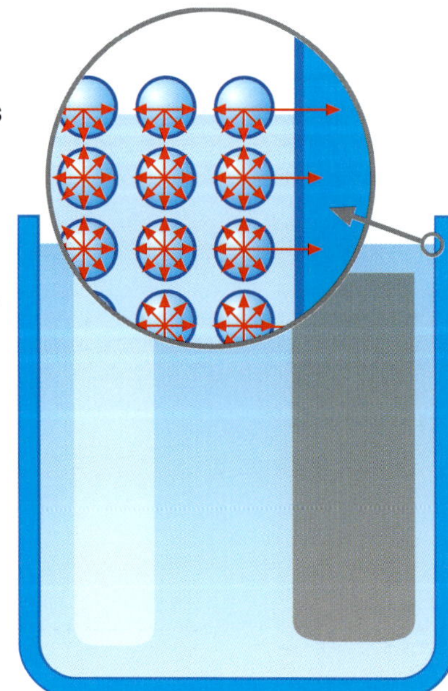

Les molécules du liquide s'attirent mutuellement et elles attirent aussi celles des parois du récipient.

LIQUIDES ET RÉCIPIENTS

Les liquides peuvent se classer dans deux catégories : ceux qui **mouillent** un récipient et ceux qui ne le font pas. Nous pouvons remarquer que les gouttes d'eau s'aplatissent sur une surface de verre, alors que des gouttes de mercure conservent leur forme plus ou moins sphérique. Cependant, si des gouttes d'eau tombent sur une poêle antiadhésive, elles prennent une forme sphérique : l'eau mouille le verre, mais ne mouille pas le Téflon.

Les gouttes sur une poêle en Téflon prennent une forme sphérique.

verre

ménisque convexe

ménisque concave

mercure

eau

Dans un tube de verre, le mercure forme un ménisque convexe, alors que l'eau forme un ménisque concave.

À proximité des parois d'un récipient, la surface libre des liquides est **concave** pour un liquide mouillant, et **convexe** pour un liquide non mouillant. Cette forme concave ou convexe s'appelle un **ménisque**.

LA TENSION SUPERFICIELLE

As-tu déjà déposé avec précaution une épingle à la surface d'un verre d'eau ? Si tu as bien fait attention, tu as constaté que l'épingle, bien que très dense, flotte sur l'eau. La surface de l'eau s'est comportée comme une membrane tendue que le poids de l'épingle n'a pas été capable de rompre. Si on ajoute du savon à l'eau, la tension superficielle diminue : la membrane superficielle ne peut plus supporter l'épingle qui coule.

Le gerris est un insecte qui peut, avec ses grandes pattes et son petit corps, se déplacer sur l'eau : grâce à la tension superficielle, l'eau ne les mouille pas.

LA CAPILLARITÉ

Pourquoi l'alcool monte-t-il le long de la mèche d'une lampe à l'alcool ? Les liquides qui mouillent les parois d'un récipient (ici, les fins canaux des fils de coton composant la mèche) s'élèvent dans ce récipient. Les liquides non mouillants sont repoussés par les parois de ces mêmes **canaux capillaires**. Les plantes se nourrissent d'eau par capillarité. L'eau profonde monte par la terre sèche jusqu'aux racines. Un même liquide peut monter ou descendre dans un capillaire, selon le matériau dont celui-ci est constitué.

L'eau monte dans le fin tube de verre (tube capillaire), tandis que le mercure reste en dessous du niveau du récipient.

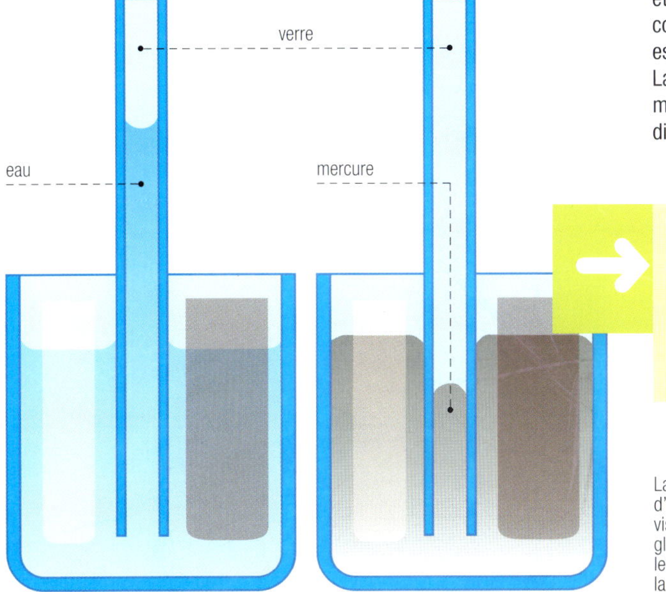

LA VISCOSITÉ

Prenons une surface lisse de verre qui forme un plan incliné. À la partie supérieure de ce plan, nous déposons en même temps une goutte d'eau et à côté une goutte d'huile. Entre les deux gouttes, il s'établit une compétition. La goutte qui avance le plus vite à température ambiante est la goutte d'eau. Nous disons alors que l'huile est plus visqueuse. La viscosité est une force de frottement qui tente d'empêcher les molécules du liquide de glisser les unes sur les autres. La viscosité diminue beaucoup avec la température.

Les solides **non cristallins** comme la cire ou le verre sont, à l'état liquide, d'une grande viscosité.

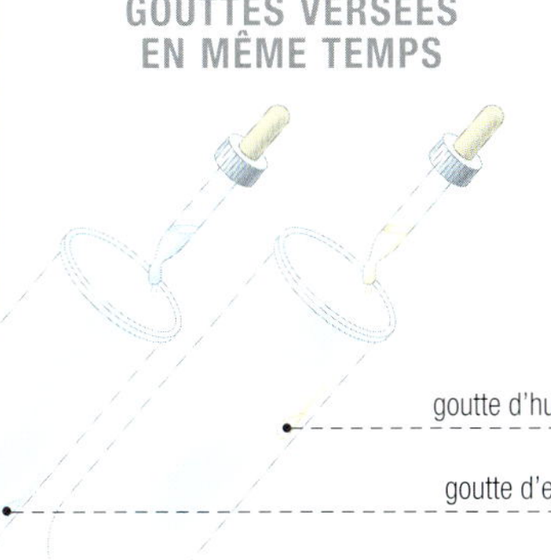

La goutte d'huile, plus visqueuse, glisse plus lentement que la goutte d'eau.

LA PRESSION ET LES LIQUIDES

Les liquides se déplacent, mais ils servent aussi de moyen de transport. De grands oléoducs acheminent le pétrole d'une région à une autre et traversent des pays, des lacs ou des déserts. L'eau est utilisée pour transporter des matériaux non seulement par bateaux, mais aussi par flottage, comme pour les troncs d'arbres vers l'aval d'un fleuve dans les grandes exploitations forestières. L'eau est un bien précieux que l'on stocke dans de grands lacs artificiels.

LA MASSE VOLUMIQUE

En quoi l'eau et le mercure se ressemblent-ils ? En vérité, il est plus difficile d'en observer les ressemblances que les différences.
Une différence remarquable est que les mêmes volumes de ces deux substances ont des poids très différents. Comme à chaque poids correspond une masse, nous pouvons dire qu'elles ont une masse différente. La **masse volumique** ρ d'un corps est le quotient de sa masse m par son volume v : $\rho = m/v$ mesurée en kg/m^3 dans le SI.

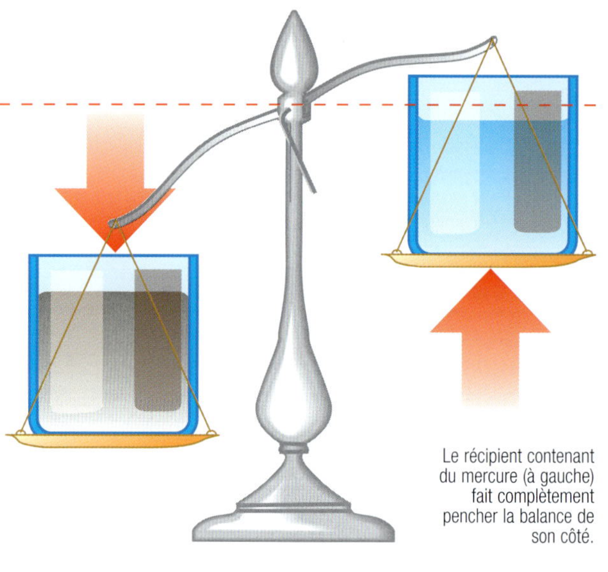

Le récipient contenant du mercure (à gauche) fait complètement pencher la balance de son côté.

LES VASES COMMUNICANTS

Les liquides se déplacent dans le sens de la pression la plus haute vers la plus basse. Si nous unissons deux récipients contenant le même liquide par leurs parties inférieures, les deux niveaux de liquide se trouvent à la même hauteur. Si une hauteur est supérieure à l'autre, cela signifie que les récipients sont soumis à des pressions différentes et le liquide coule vers le récipient où la pression est moindre jusqu'à ce que les pressions soient égales.

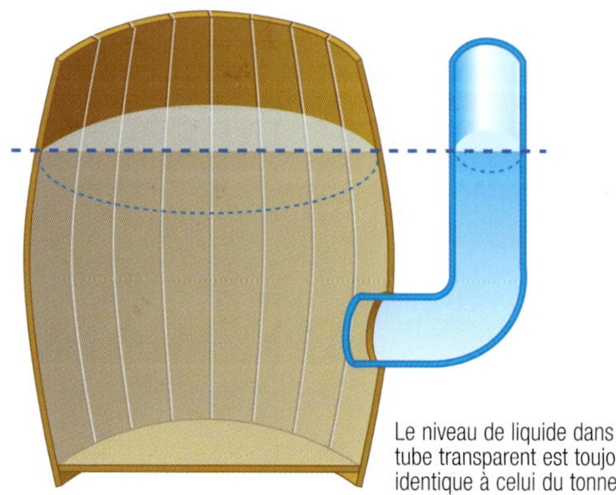

Le niveau de liquide dans le tube transparent est toujours identique à celui du tonneau.

Si nous remplaçons la masse par le poids, nous obtenons le poids volumique. Alors que la masse volumique d'un corps est constante, son **poids volumique** dépend de l'accélération de la pesanteur du lieu.

LA PRESSION

En marchant dans la neige, nous nous enfonçons plus ou moins selon la façon dont nous sommes chaussés. Avec des raquettes ou des skis, nous nous enfonçons moins. Qu'est-ce qui a changé ? Ce n'est ni notre masse ni notre poids, mais la surface sur laquelle s'appuie ce poids.
Si une force F est appliquée sur une surface S, elle exerce sur celle-ci une **pression** $p = F/S$ mesurée en pascal (Pa).

Grâce à ses skis qui présentent une grande surface, ce skieur ne s'enfonce pas dans la neige.

La pression dans un liquide en un point de ce liquide dépend de la masse volumique du liquide et de la distance entre ce point et la surface libre.

LA FLOTTABILITÉ

Pourquoi le bouchon flotte-t-il sur l'eau alors que le fer coule ? La masse volumique du fer est de 7800 kg/m³ et celle du bouchon de 400 kg/m³, tandis que celle de l'eau est de 1000 kg/m³. Quand nous plongeons un corps dans un liquide, ce corps déplace un volume de liquide égal à son propre volume. Le poids du fer sera plus lourd que celui de l'eau déplacée, la masse volumique de l'eau étant plus faible ; le poids du bouchon sera plus léger que celui de l'eau déplacée, la masse volumique du bouchon étant plus faible.
Le fer comme le bouchon recevront donc une **poussée** vers le haut, mais seul le bouchon flottera puisque la poussée qu'il aura reçue sera supérieure à son poids.

THÉORÈME DE PASCAL

Si une pression s'exerce sur un liquide en équilibre, elle se transmet intégralement à tous ses points.

PRINCIPE D'ARCHIMÈDE

Tout corps plongé dans un liquide reçoit une **poussée** vers le haut égale au poids du liquide déplacé.

Pour lever les éléments de cette grue, on utilise une presse hydraulique puissante (le tube jaune et le cylindre d'acier), fondée sur le théorème de Pascal.

LA PRESSE HYDRAULIQUE

Le théorème de Blaise Pascal a de nombreuses applications dont la presse hydraulique. Tu en as sûrement déjà vu une dans les ateliers de mécanique où elles servent à soulever d'environ deux mètres les automobiles de façon à pouvoir travailler aisément dessous. L'automobile s'appuie sur un grand cylindre pendant que le mécanicien, ou un petit moteur, agit sur un cylindre très petit. La pression sur les deux cylindres est la même. Bien que la force exercée sur le petit cylindre soit petite, celle exercée sur le grand cylindre est très grande.

pédale du frein

cylindre

cylindre double

tambour

patin

La force appliquée par le pied du conducteur sur la pédale du frein se transmet aux deux pistons du cylindre du frein, qui agit sur le patin frottant contre le tambour solidaire de la roue de l'automobile.

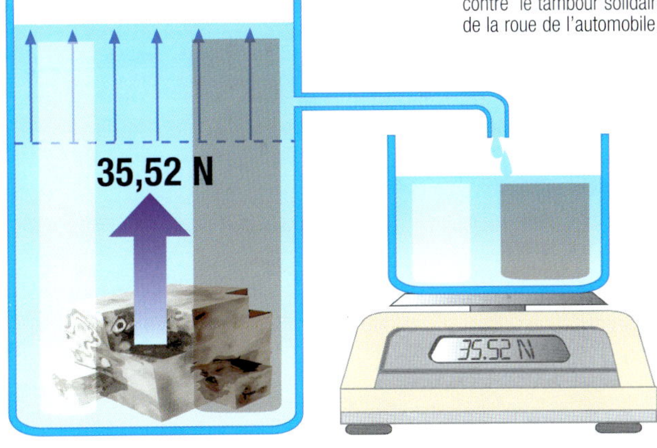

Le volume de la masse à l'intérieur du verre et celui du liquide écoulé sont identiques. La masse subit une poussée vers le haut égale au poids du liquide.

Quand un corps flotte, il a toujours une partie immergée. Le poids du liquide que déplace cette partie est égale au poids total de ce corps.

LES GAZ

Comment ne pas s'intéresser à l'étude des gaz ? Nous vivons, comme la plupart des animaux, dans un milieu gazeux, de même que les poissons vivent dans un milieu aquatique. Ce gaz nous fournit le carburant indispensable à la combustion lente que nous appelons respiration. L'air, comme tous les gaz, est difficile à mesurer. Nous ne pouvons pas définir une quantité de gaz seulement par son volume, il faut aussi d'autres données pour travailler sur la quantité de gaz dont nous disposons.

QU'EST-CE QU'UN GAZ ?

Nous appelons gaz les substances qui n'ont pas :

- de forme propre, mais s'adaptent au récipient qui les contient.
- de volume propre, sinon celui du récipient qui les contient.

La première propriété est commune aux liquides et aux gaz, à la seule différence que, dans le cas des gaz, il ne saurait y avoir de surface libre. La seconde caractéristique leur confère une propriété que nous appelons la **compressibilité**.

L'arôme d'un parfum parvient rapidement dans tous les coins d'une pièce.

Les gaz comme les liquides sont des fluides, mais leurs particules se déplacent dans tous les sens, sans contact entre elles.

LA COMPRESSIBILITÉ

Prenons une pompe pour gonfler les roues d'une bicyclette, obturons la sortie de l'air avec un doigt et poussons le piston. Que se passe-t-il alors ? La pompe contient toujours la même quantité d'air, puisque notre doigt l'a empêché de sortir, mais le volume qu'il occupe est beaucoup plus petit : nous l'avons comprimé.

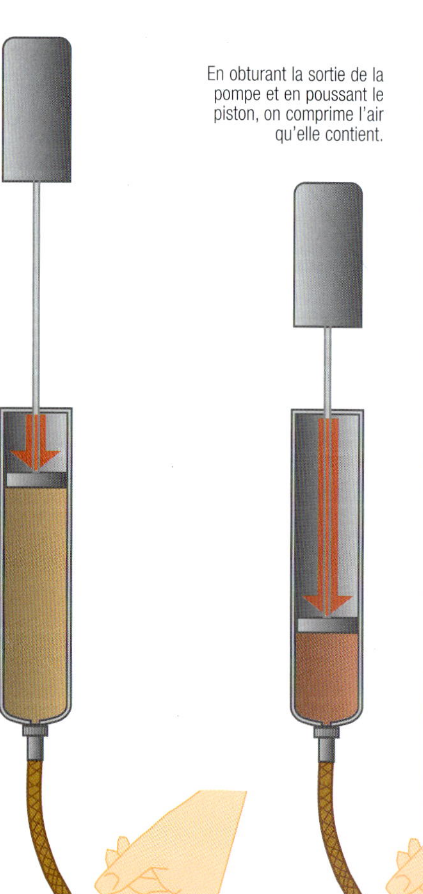

En obturant la sortie de la pompe et en poussant le piston, on comprime l'air qu'elle contient.

LA TEMPÉRATURE ABSOLUE

Les gaz, comme toute la matière, se dilatent avec la température, mais ils ont une caractéristique particulière : tous les gaz possèdent le même coefficient de dilatation, 1/273,15 °C. Si un gaz gèle, son volume diminue parce que ses molécules ralentissent. Ainsi, à une température de – 273,15 °C, toutes ses molécules s'arrêteraient et son volume serait presque nul. L'unité légale de température absolue s'appelle le **kelvin**. Comme nous l'avons déjà dit dans le chapitre sur les effets de la chaleur, la température en kelvins est la température en degrés centigrades plus 273,15 : $T = t + 273,15$.

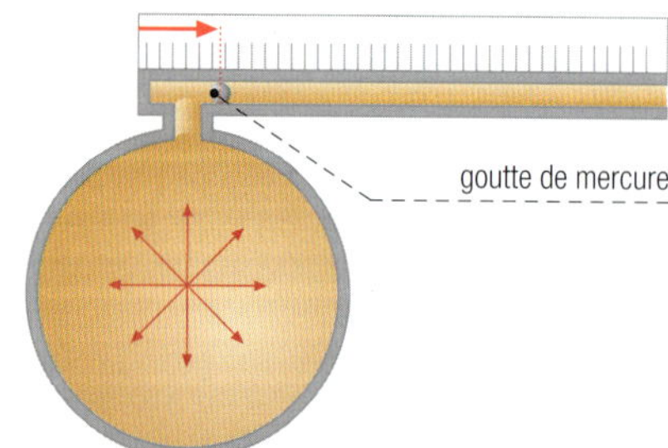

En augmentant la température, la goutte de mercure se déplace pour laisser plus de volume au gaz.

LOI DE BOYLE-MARIOTTE

Pour une même masse de gaz, à température constante, le produit de la pression par le volume est invariable : $p \cdot V = constante$.

LOIS DES GAZ

Loi de Charles. À pression constante, le volume d'un gaz est directement proportionnel à sa température absolue : V/T = constante.

Loi de Gay-Lussac. À volume constant, la pression d'un gaz est directement proportionnelle à la température absolue : p/T = constante.

Sur les aérosols, une mention précise qu'il ne faut pas les exposer au Soleil : l'augmentation de température pourrait provoquer une explosion en faisant augmenter la pression du gaz de façon excessive.

L'ÉQUATION D'ÉTAT

Pour gonfler les pneus d'une bicyclette, nous remplissons d'air une pompe et, lors de toute compression ou de toute expansion de l'air, nous observons une variation de température. Il est très difficile de ne faire varier que deux des trois variables p, V, T. La relation entre ces trois variables est exprimée par l'**équation d'état** du gaz parfait : $p \cdot V/T$ = constante.

Si nous plaçons un tube plein de mercure à l'envers dans une cuve remplie du même métal, son niveau baissera jusqu'à 76 cm, soit l'équivalent de la pression atmosphérique. Si le tube contenait de l'eau, sa hauteur serait de 10,33 m.

mercure

76 cm

LA PRESSION ATMOSPHÉRIQUE

La pression atmosphérique est la pression exercée par l'air en un point de l'atmosphère. Elle varie avec l'altitude, parce que la couche d'air est plus épaisse au niveau de la mer qu'au sommet d'une montagne. Nous avons tous souffert des effets de cette variation en montant ou en descendant rapidement une montagne en automobile. Nous avons remarqué que nos oreilles se bouchent soudain, et elles peuvent même nous faire mal.

LES EFFETS DE LA PRESSION ATMOSPHÉRIQUE

Nous pouvons ressentir la pression atmosphérique quand nous arrivons dans un espace où elle est différente. As-tu déjà fait de la magie avec un verre, de l'eau et du papier ? Place un papier non poreux sur un verre presque plein d'eau. Avec la main, retourne rapidement le verre : l'eau ne tombe pas, le papier la soutient. Cela est dû au fait que la pression atmosphérique est supérieure à la pression exercée par l'eau sur le papier.

Grâce à la pression atmosphérique, le papier retient l'eau si l'on retourne le verre.

La pression atmosphérique normale à la surface de la Terre est d'une atmosphère, soit 101 325 Pa ou 1,013 bar (1 bar = 100 000 Pa).

Comme il n'y a pas d'air à l'intérieur du bidon d'huile, la pression atmosphérique l'aplatit.

LES MOUVEMENTS VIBRATOIRES

Il n'existe pas de spectacle plus fantastique que celui d'une tempête sur la mer. Nous voyons de loin des vagues déferler jusqu'à la plage et se déverser sur le sable. Les vagues déferlent réellement jusqu'à la plage, mais l'eau en fait-elle autant ? Un jour de tempête, il est fréquent de voir un tronc flotter sur l'eau. Si nous observons bien son mouvement de dérive, nous verrons qu'il ne suit pas forcément la direction des vagues. Il a surtout un mouvement de va-et-vient, que nous avons déjà vu sous le nom de mouvement vibratoire dans un chapitre précédent.

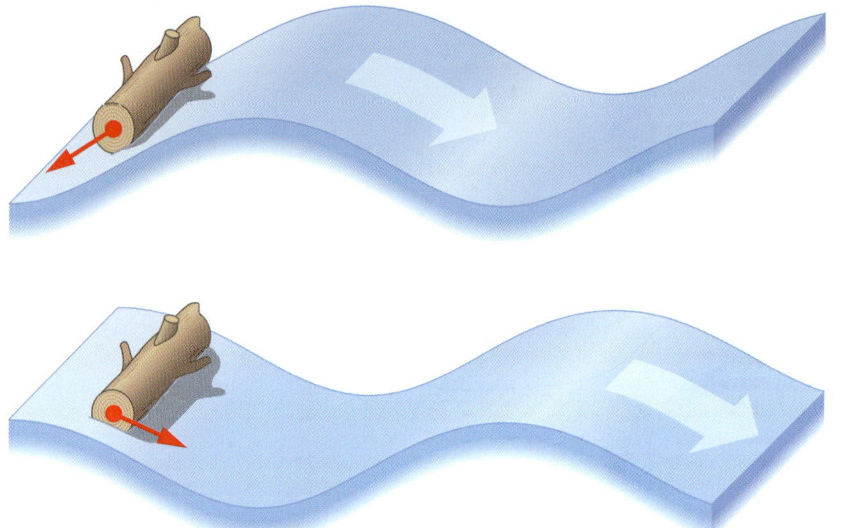

LES VIBRATIONS

Un point d'un milieu matériel élastique reçoit une **énergie**. Il commence à vibrer, et cette **vibration** se transmet par contact de proche en proche à tous les points du milieu avec un léger retard. Ce retard dépend de la distance au point qui a commencé à vibrer. La vibration est due à l'énergie et l'énergie se transmet, mais en aucun cas les points, c'est-à-dire les particules, ne se déplacent. Ainsi, nous voyons que ce phénomène peut se décomposer en deux : un mouvement des particules qui vibrent (**énergie cinétique**) et la **propagation** de ce mouvement aux autres particules.

Le tronc monte ou descend en fonction du mouvement des vagues.

LES ONDES TRANSVERSALES ET LONGITUDINALES

Si nous jetons une pierre dans l'eau tranquille d'un lac, nous verrons que l'endroit où elle est tombée commence à **osciller** verticalement, pendant que l'onde initiale communique un mouvement **horizontal** à l'eau qui se trouve à proximité. Ces ondes, dont la déformation et la direction de propagation sont perpendiculaires entre elles, s'appellent **ondes transversales.**

Maintenant, fixons un ressort par l'une de ses extrémités. Ensuite, compressons quelques spires de l'autre extrémité avant de relâcher le ressort. Ces spires se séparent spontanément, mais dans leur **expansion**, elles pressent les spires voisines et ainsi de suite. Dans ce mouvement, la déformation et la direction de propagation sont de même direction. Ce sont des **ondes longitudinales**.

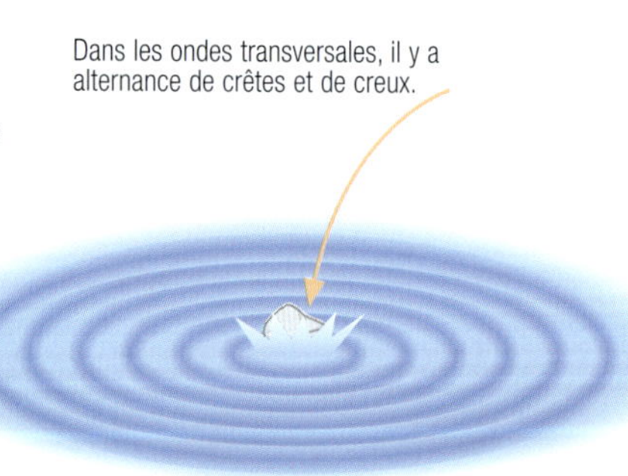

Dans les ondes transversales, il y a alternance de crêtes et de creux.

Dans les ondes longitudinales, il y a une suite de compressions et de dilatations.

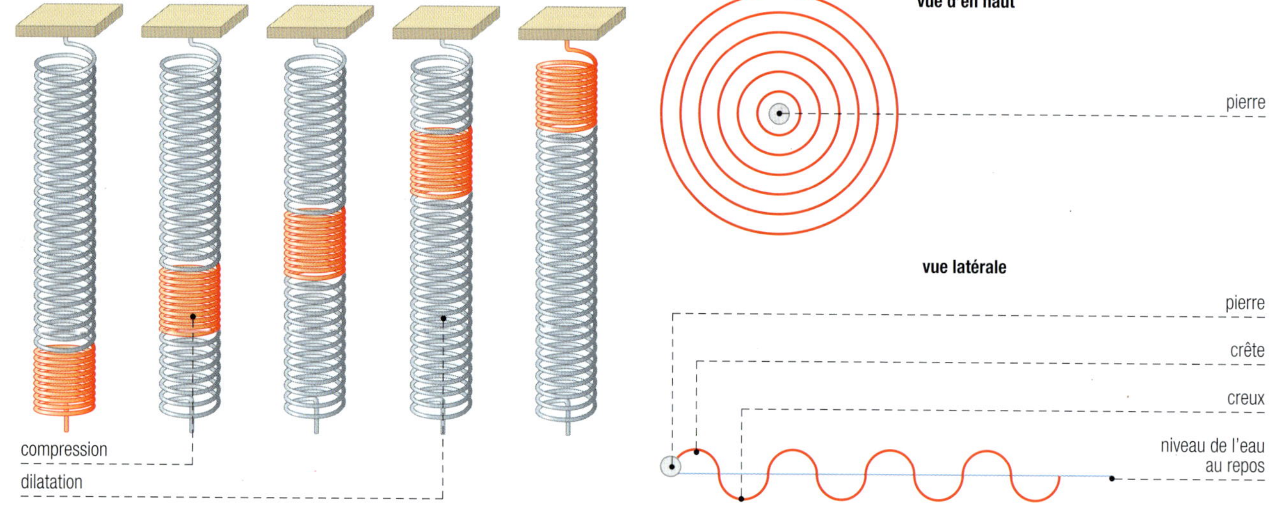

LES LONGUEURS D'ONDE

On appelle longueur d'onde la distance comprise entre deux points consécutifs qui sont à la même distance de la position d'équilibre qu'ils occupaient avant la perturbation, qui vont à la même vitesse et dans le même sens. Pour les vagues de la mer, la longue d'onde est la distance comprise entre deux crêtes consécutives. La longueur d'onde se mesure en mètres et son symbole est λ.

FRÉQUENCE ET PÉRIODE

On appelle **fréquence** le nombre d'oscillations qu'accomplit le mouvement par unité de temps ; l'unité de fréquence est le hertz (Hz) et son symbole la lettre υ.

La **période** est le temps au bout duquel un phénomène se reproduit identique à lui-même ; son unité est la seconde et son symbole T.

LES PROPRIÉTÉS DES ONDES

Si une onde heurte un obstacle, elle se **réfléchit**. Si elle passe d'un milieu à un autre en changeant de vitesse, elle **dévie**. On appelle ce phénomène la **réfraction**. Si une onde rencontre un obstacle qui a une ouverture d'une grandeur proche de sa longueur d'onde, cette ouverture se transforme en émetteur d'une autre onde de même fréquence que la première. Ce phénomène s'appelle la **diffraction**.

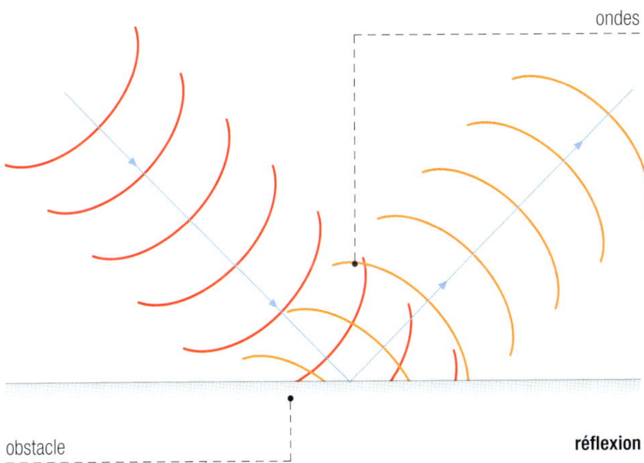

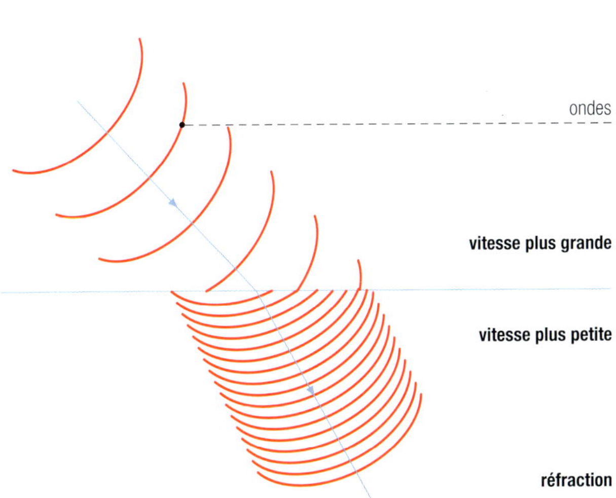

LONGUEUR D'ONDE ET AMPLITUDE

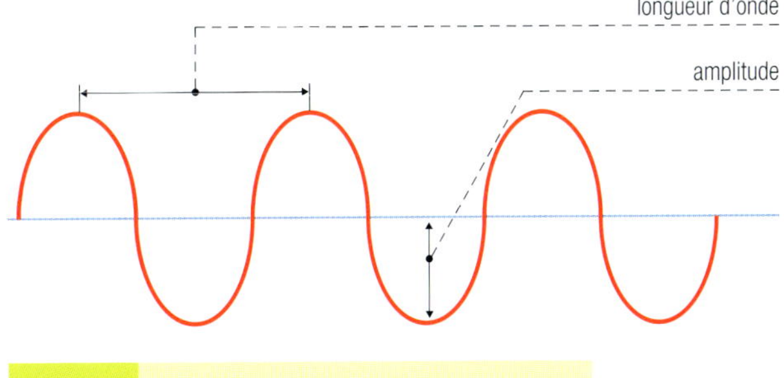

La distance maximale parcourue par un point qui oscille à partir de sa position d'équilibre s'appelle **amplitude**.

RELATIONS ENTRE LES GRANDEURS

Plus il y a d'oscillations en une seconde, et moins de temps il faut pour effectuer une oscillation. Cela signifie que la fréquence et la période sont inversement proportionnelles : $\upsilon = 1/T$. En outre, dans un milieu homogène, la propagation d'une onde suit un mouvement rectiligne uniforme. L'équation de ce mouvement nous est connue, mais comme nous avons appelé « période » le temps mis par une onde pour effectuer une oscillation, nous pouvons écrire : $\upsilon = \lambda/T$ et $v = \lambda \cdot \upsilon$, où v est la **vitesse de propagation**.

La vitesse de propagation d'une onde ne dépend pas de ses caractéristiques, mais seulement du **milieu** où elle se propage.

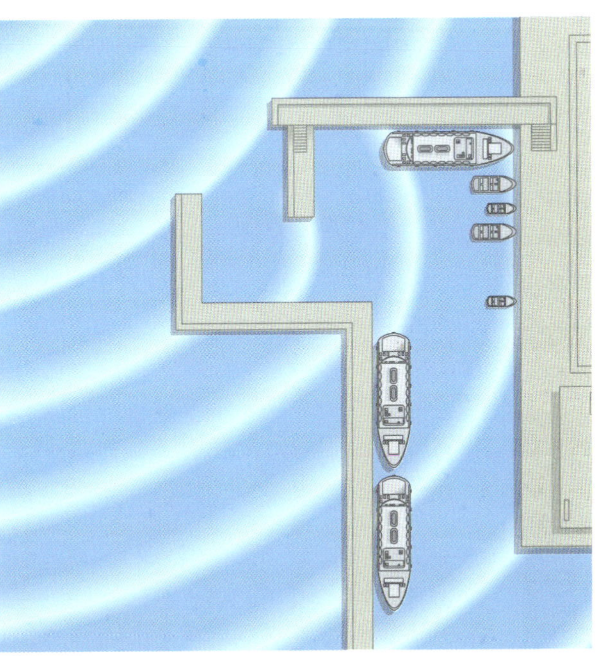

Si l'entrée d'un port avait la dimension approximative de la longueur d'onde des vagues, celles-ci entreraient sous forme d'ondes circulaires (diffraction).

LE SON

T'es-tu déjà demandé comment le son parvient à nos oreilles ? Pourquoi, dans un local fermé, entendons-nous souvent les sons de façon plus intense, mais déformée ? Nous allons voir que le son est un phénomène vibratoire ayant pour origine un système qui vibre sous l'action d'un coup ou d'une friction, et qui constitue une **source sonore**. Le son est donc une forme adoptée par l'énergie pour se déplacer au sein d'un milieu matériel : l'air, le bois, le fer, l'eau, etc.

LA NATURE DU SON

La **nature vibratoire** du son est incontestable, mais de quel type d'ondes s'agit-il ? Il ne peut s'agir d'ondes transversales. En effet, pour que celles-ci se propagent, il faut qu'existent, entre les particules qui vibrent, des forces de cohésion. Or, de telles forces n'existent pas dans les gaz où les ondes sonores se propagent. Il s'agit donc d'un **mouvement vibratoire longitudinal** : le son se transmet par la vibration des particules, provoquée par des chocs, et par conséquent la vibration et la direction de propagation sont de même direction.

La vibration d'un élastique produit des sons.

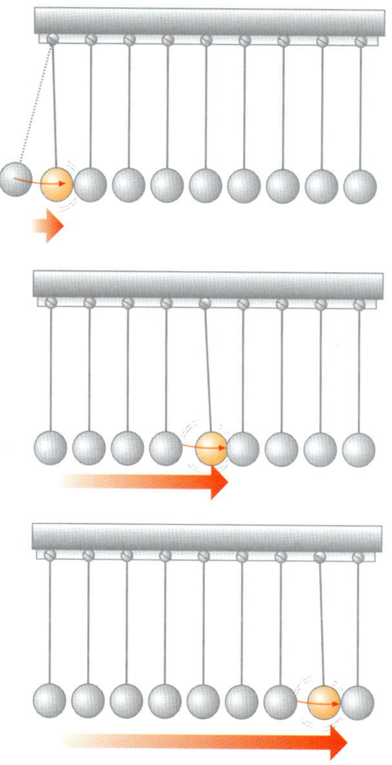

COMMENT L'OREILLE HUMAINE CAPTE LES SONS

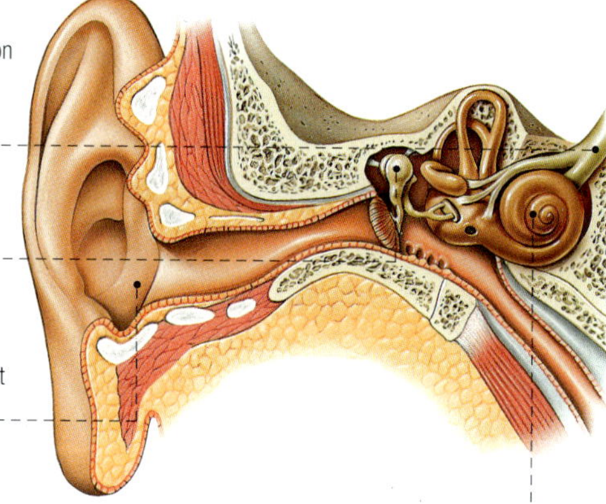

4. Ces vibrations stimulent l'organe de l'audition (organe de Corti) et génèrent des influx nerveux qui vont jusqu'au cerveau. Celui-ci interprète les sons.

2. Les osselets de l'oreille moyenne vibrent.

1. Les ondes sonores pénètrent dans le conduit auditif externe jusqu'au tympan.

3. Les vibrations se transmettent à travers la fenêtre ovale du limaçon.

À gauche, le son se déplace comme cette série de pendules disposés à intervalles réguliers. Le mouvement du premier se transmet aux autres par chocs successifs.

VITESSE DU SON À TEMPÉRATURE AMBIANTE

état	milieu	vitesse (m/s)
gaz	oxygène	316
	air	331
	azote	329
	hydrogène	1258
liquides	alcool	1275
	eau douce	1435
	eau de mer	1500
solides	cuivre	3600
	acier	5000
	béton	5000

LA PROPAGATION DU SON

Le son se propage dans **tous les milieux matériels** plus ou moins bien selon leur état physique. Comme sa propagation est due au choc de particules, le son ne se propage pas dans le **vide** et il se propage très mal dans les milieux **solides poreux**. C'est pour cette raison que, si l'on veut insonoriser une pièce, on recouvre ses parois ou on remplit sa double cloison avec des matériaux poreux, comme de la sciure, du liège ou du plastique alvéolé. As-tu déjà vu, dans un vieux western, un Indien mettre l'oreille sur la voie ferrée ? Pourquoi agit-il ainsi ? Le son se transmet très rapidement dans les milieux solides, un peu plus lentement dans les liquides et beaucoup plus lentement dans les gaz.

Les métaux sont de bons conducteurs du son.

LES PROPRIÉTÉS DU SON

Certains phénomènes acoustiques, connus de tous, résultent des propriétés des ondes. Nous allons en voir quelques-uns :

- **Réflexion**. Le son rebondit sur une surface, ce qui provoque un changement subit de direction. L'écho en est une conséquence.
- **Réfraction**. Si une onde sonore passe d'un milieu à un autre doté d'une vitesse de propagation différente, elle dévie. La nuit, les couches d'air proches du sol sont plus froides que les couches supérieures : aussi le son qui monte vers le ciel dévie-t-il peu à peu jusqu'au sol, et les bruits s'entendent mieux de jour que de nuit.
- **Diffraction**. Les ondes sonores dévient lorsqu'elles rencontrent un obstacle ou une ouverture de même ordre de grandeur que leur longueur d'onde.

L'écho provient de la réflexion du son sur une vaste surface.

La **réverbération** est la persistance d'un son dans un espace clos après interruption de la source sonore. Elle est due aux multiples échos sur toutes les surfaces.

L'INTENSITÉ DU SON

Si nous frappons doucement un gong, nous déplaçons légèrement le métal de sa position d'équilibre, ce qui produit un son **faible**. Si nous lui donnons un coup vigoureux, le déplacement est grand, et le son est **fort**. La grandeur qui a varié est l'intensité liée à l'**amplitude** des vibrations sonores.

Le son se déplace entre deux points d'un milieu homogène avec un mouvement rectiligne uniforme.

Comme le son se déplace dans toutes les directions, nous pouvons l'entendre sans en voir directement la source.

Une bombe produit un bruit très intense (**onde expansive**) qui peut transporter son énergie (pouvoir de destruction) sur une grande distance.

LA HAUTEUR

De loin et sans le voir, nous savons si un chanteur est baryton, basse ou ténor. Le ténor a une voix plus **aiguë** que le baryton, et la basse a la voix la plus **grave**. La **hauteur** du son est liée à la **fréquence** des vibrations sonores. Les sons **aigus** sont dus aux mouvements vibratoires de **fréquence élevée**.

En général, la hauteur des voix d'enfants est plus aiguë que celle des adultes et, parmi les adultes, la hauteur des voix de femmes est plus aiguë que celle des hommes.

L'oreille humaine peut entendre, en moyenne, les sons d'une fréquence comprise entre 20 Hz et 20 000 Hz.

LE TIMBRE

Lorsqu'une flûte traversière ou un accordéon jouent la même note, nous en reconnaissons la différence. Quand un instrument émet une note, la vibration sonore produite est la superposition d'une onde **fondamentale** et de plusieurs **harmoniques**. L'intensité relative de ces harmoniques nous donne le timbre du son et nous permet de le reconnaître.

En général, la fréquence d'un harmonique est un multiple entier de la fréquence **fondamentale**.

LA LUMIÈRE

Nous savons que nous tournons autour d'une étoile appelée Soleil, parce que nous le voyons chaque jour se lever à l'est et se coucher à l'ouest. Nous voyons le Soleil, car il est lumineux : il nous envoie sa lumière. Cette lumière éclaire d'autres objets terrestres ou célestes et donne vie aux plantes vertes. Si la lumière est un mouvement ondulatoire, comme arrive-t-elle jusqu'à la Terre à travers le vide extérieur ?

NATURE DE LA LUMIÈRE

La lumière a les propriétés d'une **onde** : elle se **réfléchit**, elle se **réfracte** et se **diffracte** ; elle se déplace en **ligne droite** à **vitcssc constante** ; c'est une forme de transport d'énergie, etc. Mais les ondes ont besoin d'un milieu matériel pour se déplacer, alors que la lumière le fait aussi dans le vide. Ce qui vibre dans la lumière, ce ne sont pas des particules. Son rayonnement est de nature **électrique** et **magnétique**.

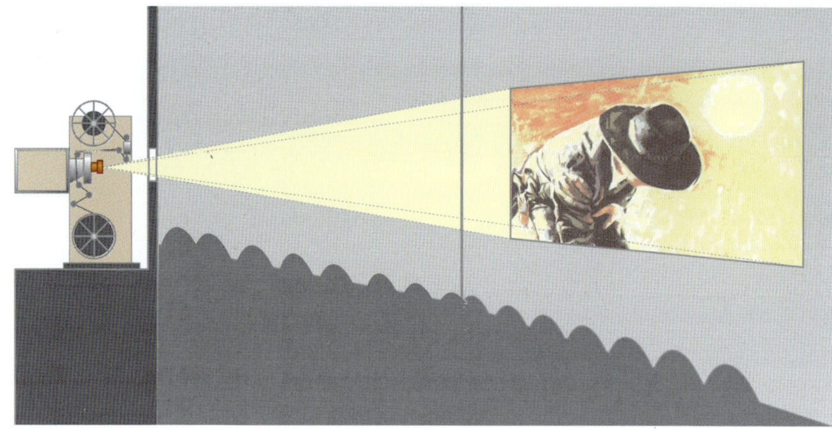

L'espace éclairé par un projecteur de cinéma a des bords droits.

COMMENT LA LUMIÈRE SE DÉPLACE-T-ELLE ?

La lumière se déplace en **ligne droite**. Nous pouvons le démontrer par des expériences simples tirées de la vie quotidienne. Au cinéma, nous constatons que le projecteur émet un faisceau lumineux à **bords droits** qui s'élargit jusqu'à ce qu'il occupe tout l'écran. Si nous plaçons, devant une source lumineuse, trois écrans noirs percés d'un petit trou en leur centre, il faut que les trous soient alignés pour que la lumière les traverse.

Il faut bien aligner les trous pour que le rayon lumineux les traverse, puisque la lumière se déplace en ligne droite.

Un **faisceau lumineux** est formé par une infinité de rayons lumineux qui partent d'un point. En pratique, un **rayon lumineux** est un faisceau infiniment étroit.

LES CARACTÉRISTIQUES DES CORPS

Les corps visibles font partie de deux catégories : ceux qui **émettent** de la lumière et ceux qui la **reflètent** totalement ou en partie. Le Soleil appartient à la première catégorie : on dit qu'il est lumineux alors que la Lune n'émet pas de lumière, elle réfléchit seulement celle du Soleil. Un corps **opaque** absorbe partiellement un faisceau lumineux qu'il reçoit et réfléchit le reste du faisceau. Un corps **transparent** laisse passer une grande partie de la lumière en la réfractant et absorbe le reste.

Quand un corps absorbe toute la lumière, nous le voyons **noir** ; si nous le voyons **blanc**, c'est qu'il la réfléchit toute.

Un corps transmettant toute la lumière sans réflexion serait **invisible**.

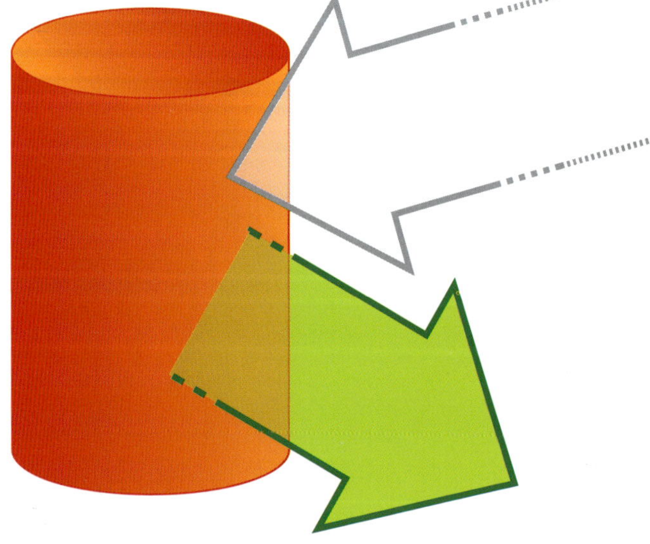

Quand nous voyons un objet opaque vert, c'est parce qu'il a absorbé la lumière rouge.

Le verre de cette vitrine est transparent (nous voyons à l'intérieur), mais aussi réfléchissant (nous pouvons voir les maisons qui se trouvent derrière nous).

LA PÉNOMBRE

Si la source lumineuse est très grande et l'obstacle assez petit, il y aura une zone où l'ombre sera partielle. Qu'est-ce que cela veut dire ? Seule une partie des rayons lumineux est interceptée par l'obstacle opaque, avec pour conséquence une zone partiellement éclairée. La forme de cette zone dépend de la taille de l'obstacle et des distances existant entre la source, l'obstacle et l'écran qui reçoit les rayons.

Pour un grand obstacle situé près de la surface de la Terre, le Soleil peut être considéré comme une source ponctuelle.

L'OMBRE

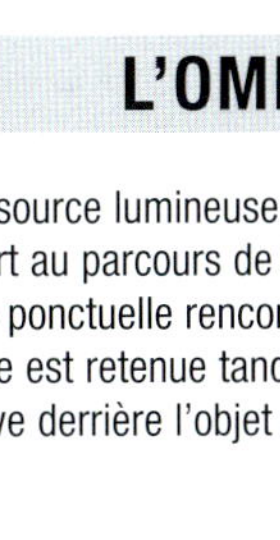

Nous disons qu'une source lumineuse est **ponctuelle** quand sa taille est très petite par rapport au parcours de la lumière. Si un faisceau lumineux émis par une source ponctuelle rencontre un objet opaque, la partie du faisceau qui le heurte est retenue tandis que le reste poursuit son trajet. L'espace qui se trouve derrière l'objet est dans l'ombre. L'ombre est la projection de l'objet.

Si nous nous trouvons entre un foyer lumineux et une surface, nous produisons une ombre.

LES ÉCLIPSES DE SOLEIL

La **Lune** s'interpose parfois entre le Soleil et la Terre et produit une zone d'ombre (**éclipse totale**) et une zone d'où l'on voit une partie de la surface du Soleil, parce que celui-ci éclaire cette zone terrestre, mais seulement de façon partielle (**éclipse partielle**)

ÉCLIPSE DE SOLEIL

Soleil

Lune

zone d'ombre (éclipse totale)

zone de pénombre (éclipse partielle)

Terre

LES ÉCLIPSES DE LUNE

La situation, lors des éclipses de Lune, est bien différente de celle des éclipses solaires. À cette occasion, c'est la Terre qui s'interpose entre le Soleil et la Lune en produisant, sur cette dernière, une zone d'**ombre**. Comme la Terre est beaucoup plus grande que la Lune, il n'y a pas de zone de pénombre, et le Soleil agit comme s'il était une source ponctuelle.

ÉCLIPSE DE LUNE

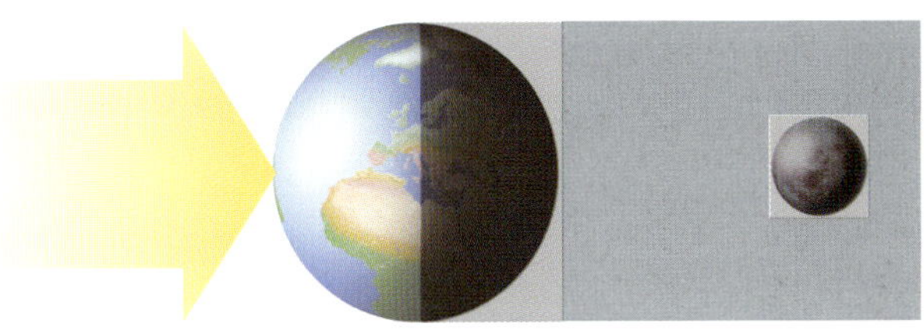

éclipse totale de Lune

éclipse parcielle de Lune

LES MIROIRS

Nous trouvons des miroirs partout : à la maison, dans la rue, au travail… Sans eux, nous ne pourrions réaliser un grand nombre d'actions, ou bien il serait plus difficile de les réaliser. Les miroirs adoptent des formes très diverses selon l'usage auquel ils sont destinés. Ainsi, il n'est pas nécessaire que le miroir du rétroviseur d'un véhicule nous donne beaucoup de détails : il est plus intéressant qu'il nous indique la position des autres automobiles dans l'espace le plus vaste possible.

LES RÉFLEXIONS

La lumière, comme c'est le cas de tous les autres phénomènes vibratoires, se réfléchit. Sa réflexion peut être de deux types :

- Si le faisceau de rayons lumineux tombe sur une **surface rugueuse**, les rayons réfléchis partent dans toutes les directions, sans pouvoir reproduire une image (**réflexion diffuse**).
- Si le faisceau de rayons lumineux tombe sur une **surface polie**, le faisceau de sortie se comportera selon les lois de la réflexion d'un rayon de lumière (**réflexion spéculaire**).

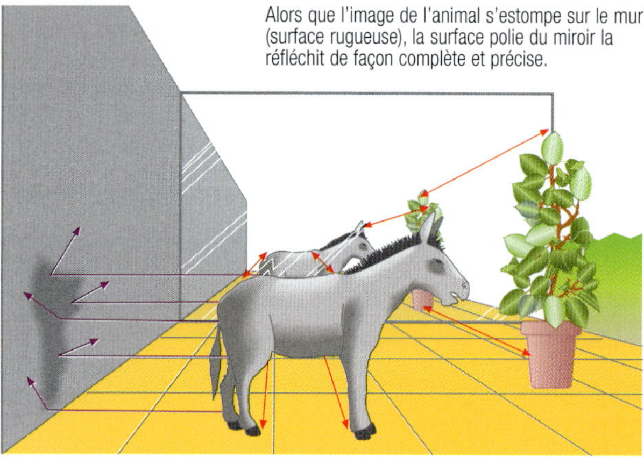
Alors que l'image de l'animal s'estompe sur le mur (surface rugueuse), la surface polie du miroir la réfléchit de façon complète et précise.

Grâce à la réflexion spéculaire, nous pouvons nous voir et, par exemple, nous laver avec plus d'attention.

LES MIROIRS

Dans le miroir d'une salle de bain dont la **surface est plane**, nous nous voyons généralement en taille normale. Dans le miroir qui sert à se raser, la tête semble très grosse, mais, si nous nous éloignons, nous nous voyons tout petits et à l'envers. Sa surface est une calotte sphérique vue de l'intérieur (**concave**). Dans les rétroviseurs des automobiles, souvent, on voit dans le miroir des images très petites, mais dans un espace très étendu. Leur surface est aussi une calotte sphérique, mais vue de l'extérieur (**convexe**).

LES TYPES DE MIROIRS

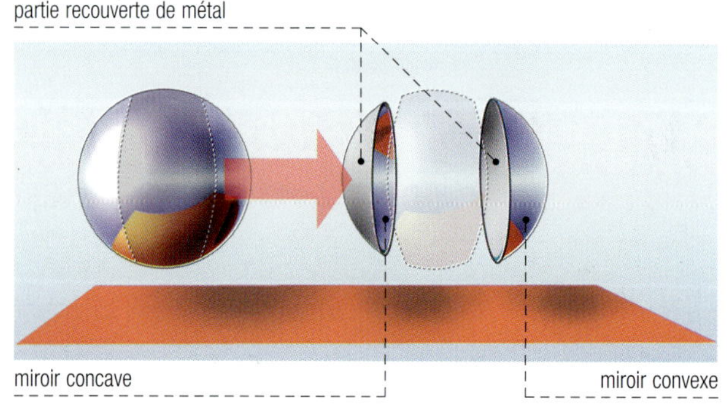

LA LOI DE LA RÉFLEXION

Cette loi s'applique à tout rayon de lumière tombant sur une surface opaque qui n'est pas noire :

- **L'angle d'incidence** est égal à l'**angle de réflexion**.
- Le rayon incident, le rayon réfléchi et la normale sont situés dans le **plan d'incidence**.

On appelle normale au point d'incidence la droite imaginaire – perpendiculaire à la surface de réflexion – à partir de laquelle on mesure les angles.

LOI DE LA RÉFLEXION

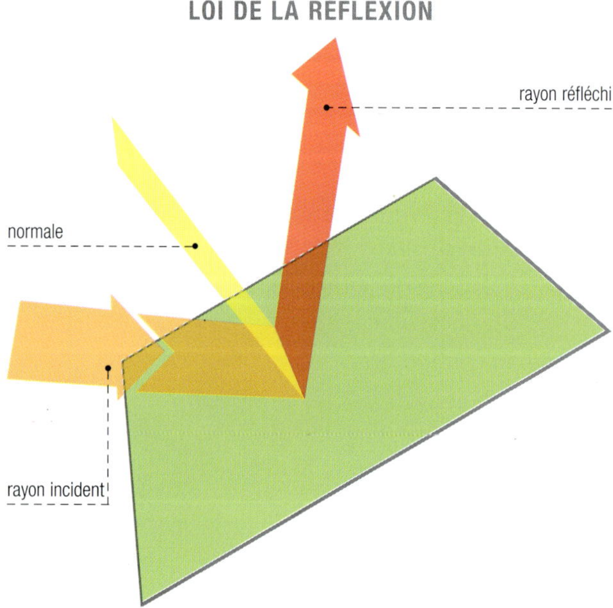

En général, un miroir est une surface de **verre poli** enduite de métal à l'arrière. Ce peut être également une surface polie, métallique ou autre, servant aux mêmes usages.

LE MIROIR PLAN

Si nous plaçons un **objet** devant un miroir plan, nous le voyons comme s'il était placé derrière le miroir, avec une **symétrie** par rapport au plan du miroir. L'image est donc semblable à l'objet reproduit, mais les côtés gauche et droit sont inversés.
En se réfléchissant, les rayons lumineux arrivent à nos yeux et nous voyons l'objet dans le prolongement de ces rayons.

Les miroirs plans sont les plus communs. On en trouve dans la salle de bains, sur les meubles, les objet décoratifs, etc.

Les flèches indiquent le trajet de la lumière : elle n'arrive pas à l'image virtuelle. Un observateur croira que la lumière vient de l'image virtuelle et non de l'objet.

L'IMAGE VIRTUELLE

L'image d'un objet qui apparaît derrière le miroir est une image virtuelle, car on ne peut la recueillir sur un écran.

Comment et où se voit une image dans un miroir concave selon le lieu qu'occupe l'objet. L'objet est le R situé au-dessus de l'axe optique et devant le miroir.

foyer
objet
R
F
image réelle

objet
R
F
image réelle

F
R
objet
image virtuelle

MIROIRS CONCAVES

Imagine une sphère de verre creuse. Si nous en coupons une calotte sphérique et que nous l'enduisons d'argent sur sa partie externe, nous obtiendrons un miroir concave si nous le regardons du côté creux.
Ces miroirs, appelés **convergents**, concentrent les rayons lumineux qui arrivent parallèlement à l'axe principal en un point appelé **foyer** (F). Ils forment des images réelles que l'on peut projeter sur un écran si l'objet est plus loin que le foyer. L'image obtenue est grande si l'objet est près du foyer, ou petite s'il en est loin. Dans les deux cas, elle est à l'envers. Si nous plaçons l'objet plus près que le foyer, l'image est à l'endroit (inversée droite gauche) et grande, mais virtuelle (elle ne peut pas être projetée).

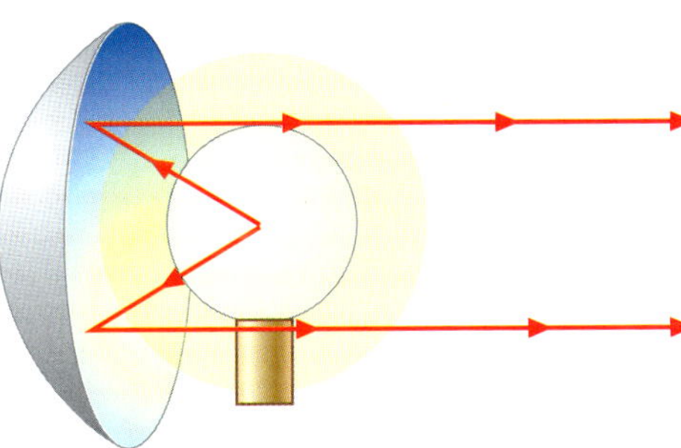

Le filament de l'ampoule placée au foyer du miroir concave fait sortir la lumière reflétée avec des rayons parallèles.

Les miroirs convexes sont utilisés comme rétroviseurs des automobiles.

Les miroirs concaves servent à fabriquer des projecteurs de diapositives ou de films pour obtenir des rayons de lumière parallèles. On en trouve aussi dans les salles de bains, pour le rasage.

Dans un miroir convexe, les images sont toujours très petites.

MIROIRS CONVEXES

Si nous enduisons d'argent la partie interne de la calotte sphérique et si nous la regardons du côté bombé, nous obtiendrons un miroir convexe. Ces miroirs sont **divergents,** parce que les rayons parallèles à leur axe principal arrivant à leur surface dévient de telle façon qu'ils se séparent, mais leurs prolongements se réunissent en un point appelé **foyer**. Les images que donne un miroir convexe sont toujours virtuelles, droites et petites.

LES LENTILLES

Autour de nous, beaucoup de personnes portent des lentilles pour être capables de voir correctement. Nous pourrions même affirmer que tout le monde porte des lentilles y compris nous-mêmes, car le cristallin de nos yeux est une une lentille bombée qui concentre la lumière en un point. En outre, tous les appareils optiques sont pourvus de lentilles pour projeter des images (projecteurs) ou les grossir (loupe, microscope, lunette astronomique...).

Pour l'observateur, le crayon semble s'être brisé sur la surface de l'eau à cause de la déviation des rayons lumineux.

LA RÉFRACTION

Quand la lumière tombe obliquement sur une surface séparant deux milieux dans lesquels sa vitesse de propagation est différente, deux phénomènes peuvent se produire :

- La vitesse dans le premier milieu est plus grande que celle dans le second : l'angle formé par le rayon incident et la normale est plus grand que celui de la normale avec le rayon réfracté (il se resserre).
- La vitesse dans le premier milieu est inférieure à celle dans le second : l'angle formé par le rayon incident et la normale est plus petit que celui de la normale avec le rayon réfracté (il s'écarte).

Comme pour la réflexion, la normale est la droite imaginaire, perpendiculaire au plan, séparant les milieux au point d'incidence.

L'INDICE DE RÉFRACTION

On appelle indice de réfraction dans un milieu le quotient entre la vitesse de la lumière dans le vide et sa vitesse dans ce milieu.

Milieu	vide	air	eau	paraffine	verre	diamant
Indice de réfraction	1	~1	1,33	1,44	1,52	2,42

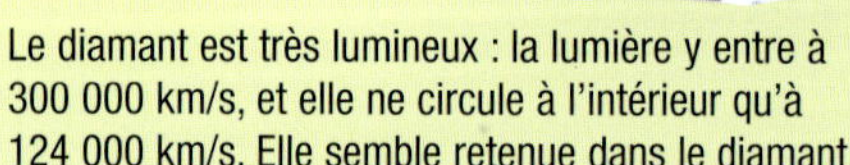

Le diamant accumule la lumière comme un réservoir où nous verserions plus d'eau qu'il n'en sort par le trop-plein.

Le diamant est très lumineux : la lumière y entre à 300 000 km/s, et elle ne circule à l'intérieur qu'à 124 000 km/s. Elle semble retenue dans le diamant.

QU'EST-CE QU'UNE LENTILLE ?

Une lentille est un **corps transparent** limité par deux surfaces lisses dont une, au moins, est sphérique. Il faut considérer qu'à l'intérieur de ce corps la lumière devra se propager à une vitesse différente (en général inférieure) à sa vitesse dans le milieu extérieur. Selon la forme de ces surfaces, on distingue des lentilles de différentes catégories qui ont des comportements variés.

LES TYPES DE LENTILLES

Les lentilles peuvent être convergentes ou divergentes selon qu'elles concentrent les rayons lumineux qui les traversent ou qu'elles les séparent. Si la lentille est en verre ou en plastique et que le milieu extérieur est l'air, les lentilles convergentes sont plus épaisses au centre et minces sur les bords, et les lentilles divergentes plus épaisses sur les bords qu'au centre. Ainsi, selon la forme des surfaces de séparation, les lentilles peuvent être : **convergentes** (biconvexes, plan-convexes, ou ménisques convergents) et **divergentes** (biconcaves, plan-concaves ou ménisques divergents).

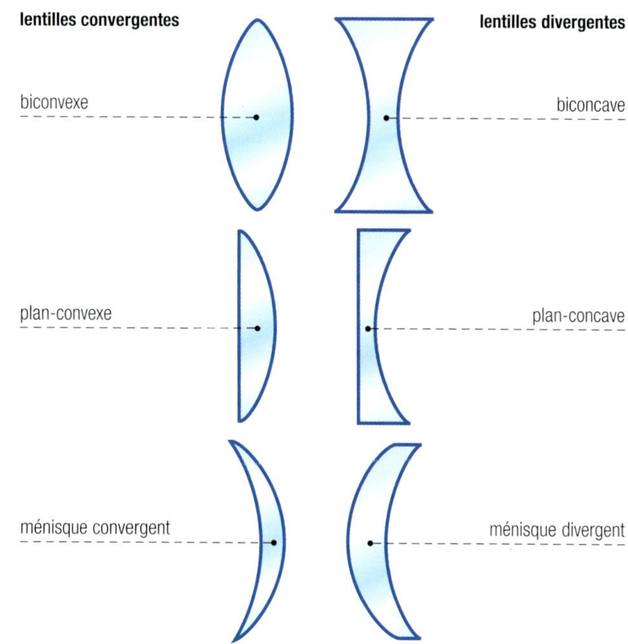

LA LENTILLE, UN SYSTÈME OPTIQUE

Si le milieu extérieur était plus dense que celui de la lentille, la forme des lentilles convergentes et divergentes s'inverserait.

- **Axe optique** : droite imaginaire perpendiculaire à la lentille et qui la traverse au point le plus mince (divergente) ou le plus épais (convergente).
- **Centre optique** : point d'intersection entre l'axe optique et la lentille.
- **Foyer** : point de convergence des rayons d'un faisceau parallèle à l'axe optique (convergente), ou de leurs prolongements (divergente).
- **Distance focale** : distance entre le centre optique et le foyer. La distance focale est positive (convergente) ou négative (divergente).

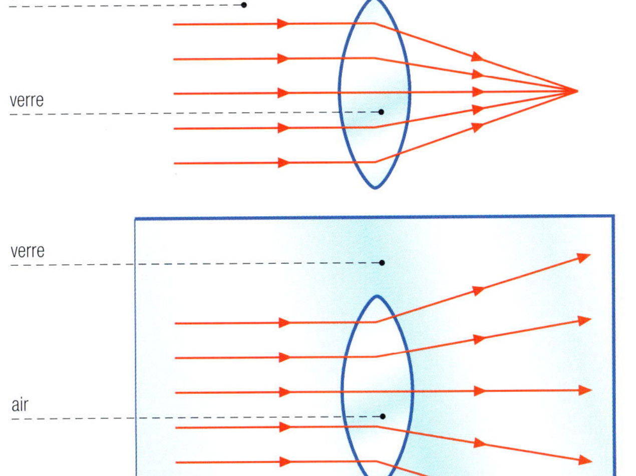

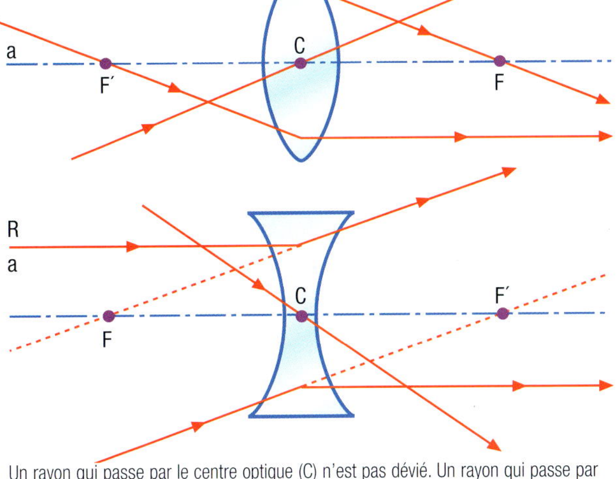

Un rayon qui passe par le centre optique (C) n'est pas dévié. Un rayon qui passe par le foyer secondaire (F') (convergente) ou qui se dirige vers ce foyer (divergente) sort parallèlement à *a*. Un rayon *R* parallèle à l'axe *a* passe par le foyer (F) (convergente) ou son prolongement passe par le foyer (divergente).

LES LENTILLES CONVERGENTES

Ce sont les lentilles utilisées pour la correction de l'**hypermétropie** (personnes qui ne voient pas bien les objets proches) ou de la presbytie (vieillissement). Elles servent aussi pour les longues-vues, les microscopes, les téléobjectifs, les appareils de photographie, de cinéma ou de vidéo, les projecteurs, les loupes, etc. Elles produisent des **images réelles** et **inversées** de taille différente selon la position de l'objet, sauf pour les loupes, et leur **vergence** est **positive**.

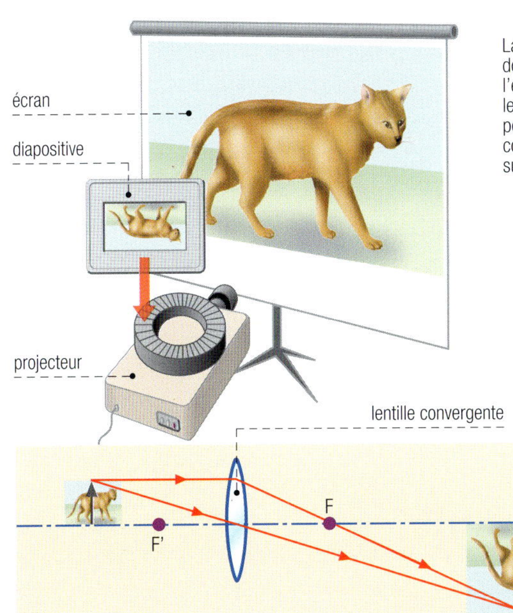

La diapositive doit être à l'envers dans le projecteur pour apparaître correctement sur l'écran.

LES LENTILLES DIVERGENTES

Leur utilisation est bien plus restreinte. Elles servent à la correction de la vue des personnes qui souffrent de **myopie** (mauvaise vision de loin), dans certains microscopes, télescopes ou longues-vues. Elles donnent toujours des images virtuelles, petites et droites. Leur **vergence** est **négative**.

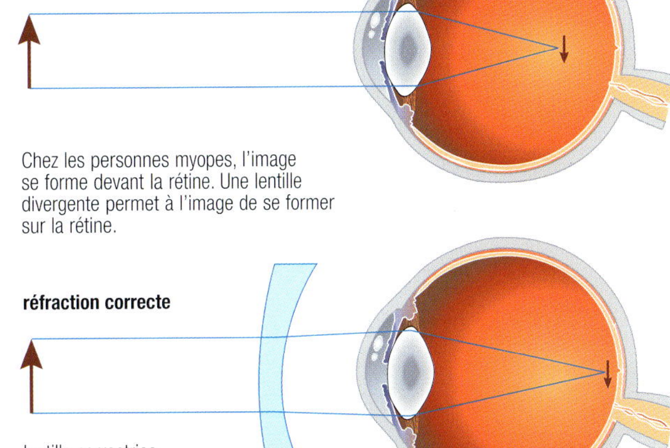

Chez les personnes myopes, l'image se forme devant la rétine. Une lentille divergente permet à l'image de se former sur la rétine.

La **vergence** (*D*) d'une lentille se mesure en **dioptrie** (δ), et est égale à : $D = 1/f$, où *f* est la distance focale en mètres.

LES PHÉNOMÈNES ÉLECTROSTATIQUES

L'électricité est-elle une invention du XIXe siècle ? L'électricité n'est pas une invention, mais un phénomène électrique qui existe sur Terre depuis sa création. Ce sont les Grecs de l'époque classique qui découvrirent ces phénomènes ; ils les appelèrent « électriques » en voyant que l'ambre (*êlektron* en grec), après avoir été frotté avec une peau d'animal, attirait des objets petits et légers comme les plumes d'oiseau.

TYPES DE CHARGES

Grâce à l'électricité, nous jouissons d'une meilleure qualité de vie.

La façon la plus ancienne de charger électriquement un corps est de le frotter contre un autre. Si nous frottons deux tiges de verre avec un chiffon de laine et si nous les suspendons à un fil, les deux tiges se repoussent. Mais si nous frottons une tige de verre et une tige de plastique apparaîtront alors des forces d'attraction. Cela montre l'existence de deux types de **charges** distinctes, l'une acquise par le verre et l'autre par le plastique. La première charge est dite **positive**, et la seconde, par opposition, appelée charge **négative**.

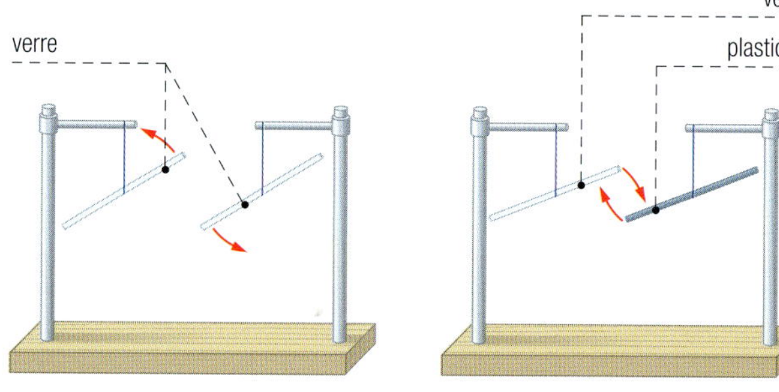

Les deux tiges de verre se repoussent alors que celles de verre et de plastique s'attirent.

La matière réagit différemment au frottement : les charges peuvent rester localisées en un point dans les **isolants**, ou se répartir sur toute la surface dans les **conducteurs**.

Les charges acquises par les conducteurs, comme tous les métaux, sont très difficiles à détecter : elles sont moins concentrées que dans les isolants.

Un corps est **neutre** s'il contient le même nombre de charges positives et de charges négatives. Dans les **conducteurs**, ces charges peuvent se déplacer.

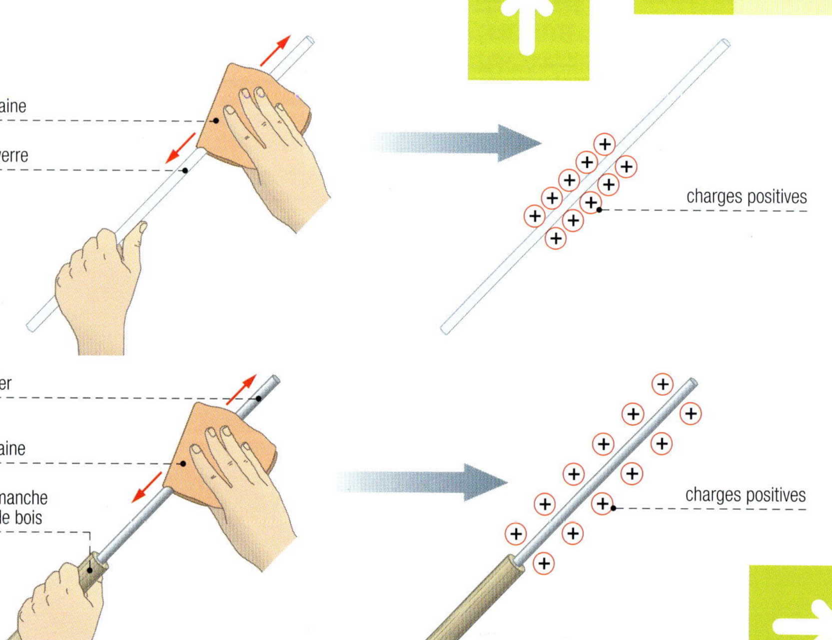

LA LOI DE COULOMB

Quand deux corps chargés électriquement sont proches l'un de l'autre, il apparaît entre eux une **force électrostatique** dite de Coulomb ; celle-ci est directement proportionnelle à la valeur des charges électriques q et q' et inversement proportionnelle au carré de la distance d qui les sépare. Ces forces peuvent être d'attraction ou de répulsion selon que les deux charges sont de types différents ou du même type. La formule mathématique de la loi de Coulomb est : $F = k\,\frac{q \cdot q'}{d^2}$, où k est une constante qui dépend du milieu.

La valeur de k dans le vide ou dans l'air est de $9 \cdot 10^9$ N · m²/C². La force qui apparaît entre deux charges de un coulomb (1C) situées à un mètre de distance est de 9 000 000 000 N.

COMMENT CHARGER UN CORPS

Nous avons vu qu'on peut charger un corps par frottement, mais il existe d'autres méthodes : le contact et l'induction.

- **Contact**. Si un corps chargé électriquement entre en contact avec un autre, initialement neutre, il lui communique sa charge.
- **Induction**. Si un corps chargé électriquement se trouve à proximité d'un corps conducteur, les charges de celui-ci se déplacent de telle façon qu'il se polarise. Si on le décharge en touchant un de ses pôles avec le doigt, le corps gardera une charge du signe inverse à celui du pôle touché.

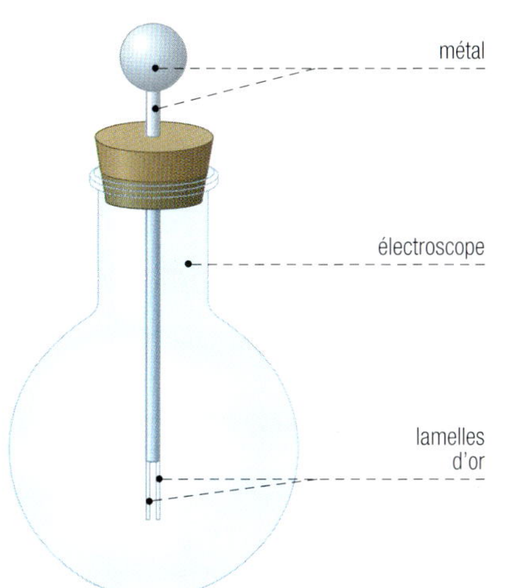

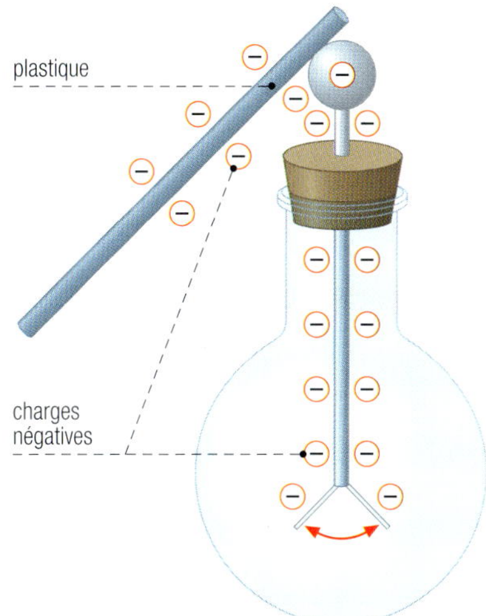

En touchant avec la tige négative la boule métallique de l'électroscope, celui-ci reste chargé négativement. C'est pour cela que les lamelles d'or se repoussent.

A — corps conducteur neutre

B — corps conducteur polarisé par la charge négative proche

C — le doigt fait disparaître les charges négatives

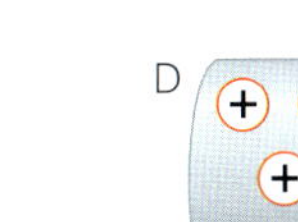

D — corps chargé positivement

LE COULOMB

Le coulomb (C) est l'unité de charge électrique et de quantité d'électricité dans le SI. La charge électrique élémentaire (notée *e*) est la charge la plus petite qui existe à l'état naturel, et toutes les autres en sont des multiples entiers :
$e = 1{,}602 \cdot 10^{-19}$ C.

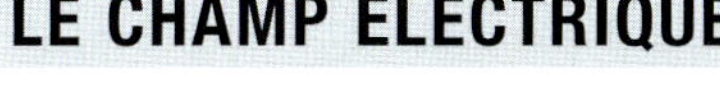

LE CHAMP ÉLECTRIQUE

Un champ électrique *E* est une région de l'espace où s'exerce l'action d'une force de Coulomb *F* sur un corps de charge *q*. Il est défini par le rapport $E = F/q$ et mesuré en volt par mètre (ou N/C).

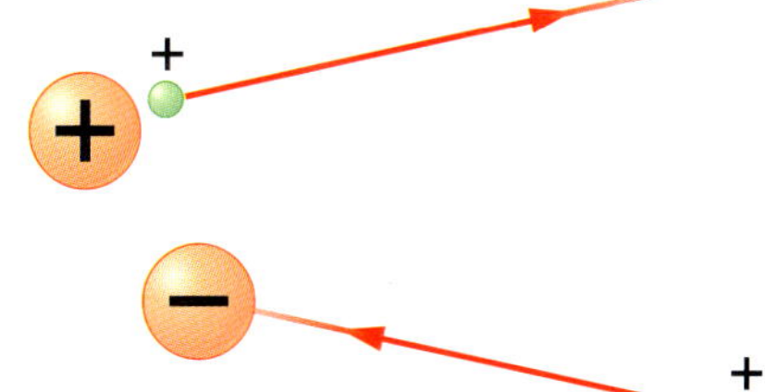

La trajectoire que suivrait une charge positive sans masse et libre dans un champ électrique s'appelle ligne de champ électrique.

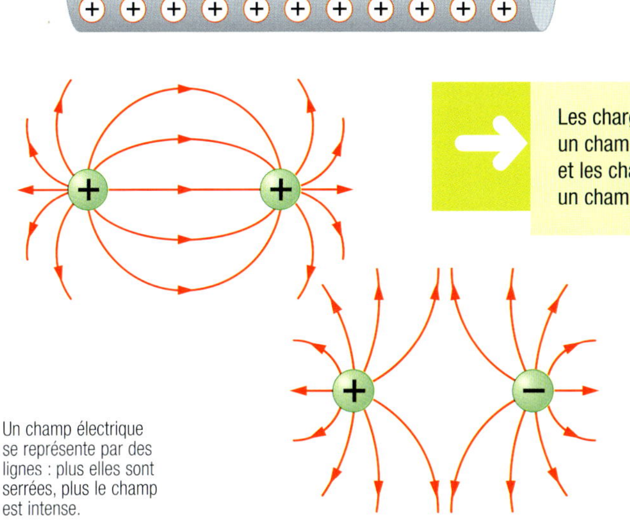

Les charges positives créent un champ électrique positif et les charges négatives, un champ négatif.

Un champ électrique se représente par des lignes : plus elles sont serrées, plus le champ est intense.

LE POTENTIEL ÉLECTRIQUE

Lorsqu'une charge électrique *q* se déplace d'un point A à un point B dans un champ électrique, le **travail** *W* de la force de Coulomb appliquée à cette charge dépend des positions de A et B : $W = q\,(V_A - V_B)$. V_A et V_B sont les **potentiels** aux points A et B. $(V_A - V_B)$ est la différence de potentiel entre ces points, appelée **tension** U_{AB} et exprimée en volt (V) :
$U_{AB} = V_A - V_B$.

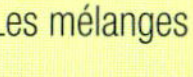

LE COURANT ÉLECTRIQUE

Pourquoi préfère-t-on l'électricité à toutes les autres formes d'énergie ? L'énergie électrique résulte de la transformation de nombreuses sources d'énergie (mécanique, thermique, hydraulique, nucléaire, éolienne...) qui peuvent être propres ou polluantes, renouvelables ou non. De plus, l'électricité a la caractéristique, très appréciée, de pouvoir être distribuée sur de grandes distances, d'une manière continue et pour un coût relativement faible. En outre, ses sources, parfois embarrassantes, peuvent être situées à l'écart des concentrations urbaines.

QU'EST-CE QUE LE COURANT ÉLECTRIQUE ?

Le courant électrique est le **déplacement** de **charges électriques** dans un conducteur entre les extrémités (ou bornes) duquel existe une différence de potentiel. Les conducteurs peuvent être des solides, des liquides (généralement des solutions) ou des gaz.

- Dans les conducteurs **solides**, les charges qui se déplacent sont des électrons dont la charge est négative.
- Dans les **solutions**, les charges positives et négatives qui se déplacent circulent en sens opposé.
- Les **gaz** sont de **mauvais conducteurs** de courant, mais, à partir d'une différence de potentiel déterminée, ils se transforment en conducteurs.

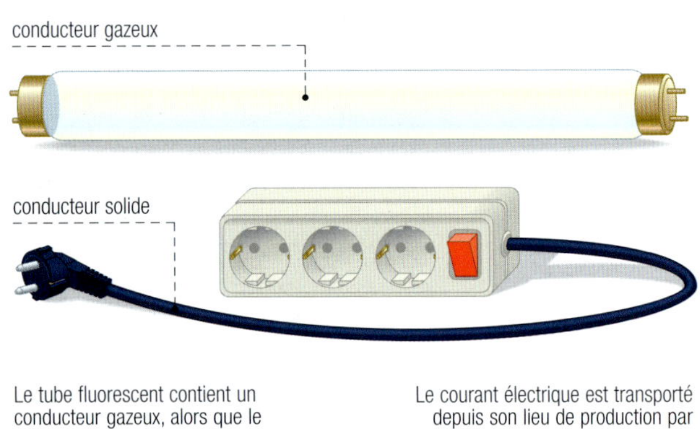

Le tube fluorescent contient un conducteur gazeux, alors que le câble est un conducteur solide.

Le courant électrique est transporté depuis son lieu de production par des lignes à haute tension.

QUI CRÉE LA DIFFÉRENCE DE POTENTIEL ?

La différence de potentiel est créée par des machines appelées **générateurs de courant** qui consomment différentes formes d'énergie et les transforment en énergie électrique. Parmi eux, citons : les **piles,** qui transforment l'énergie chimique en électricité ; les **dynamos**, comme celles qui équipent les bicyclettes pour éclairer leur route, et qui transforment l'énergie mécanique en électricité ; les **alternateurs**, comme ceux des automobiles, qui produisent de l'énergie afin de faire fonctionner le klaxon, l'éclairage, le démarreur...

LES TYPES DE COURANT

Il existe fondamentalement deux types de courant : le **courant continu** et le **courant alternatif**. Dans le premier cas, les charges électriques suivent toujours le même sens ; dans le second cas, elles ont un mouvement de va-et-vient. Les charges négatives se déplacent du potentiel le plus bas vers le potentiel le plus élevé, et les charges positives (des solutions et des gaz) se déplacent du plus grand au petit. Dans le courant continu, créé par les piles ou par les dynamos, les bornes ne changent pas de polarité ; ainsi, celle qui a le potentiel le plus grand est toujours la même alors que, dans le courant alternatif créé par les alternateurs, le potentiel le plus élevé change sans cesse de borne. Ce type de courant sert généralement pour le transport à grande distance et l'usage domestique.

La dynamo de la bicyclette a un rotor qui tourne en frottant contre la roue. Actuellement, on utilise plutôt des piles pour les éclairages avant et arrière.

Le courant alternatif du commerce change de polarité 100 fois par seconde. Sa **fréquence** est de 50 Hz.

Pour transformer le courant alternatif en courant continu utilisé par les appareils électriques, on utilise des **redresseurs**.

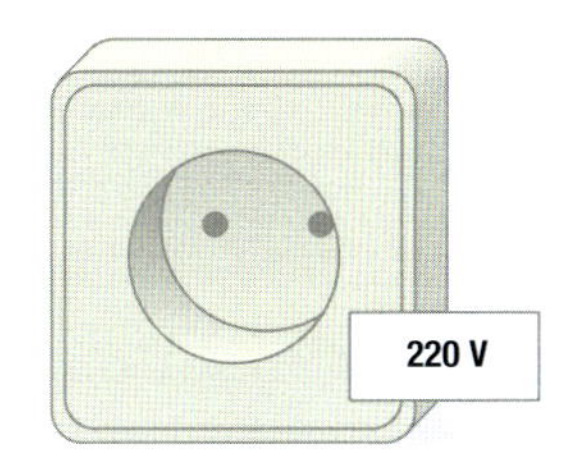

courant alternatif

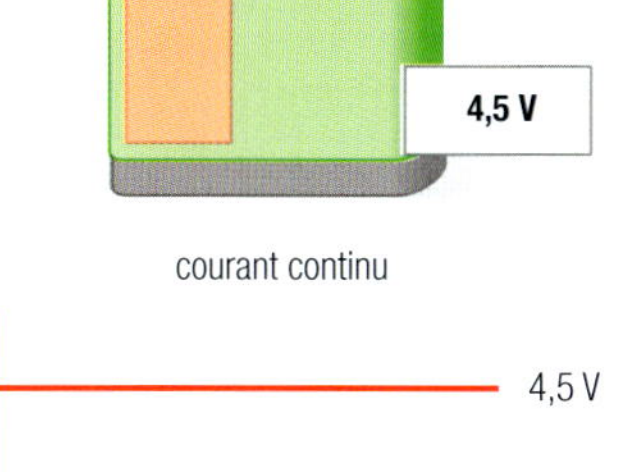

courant continu

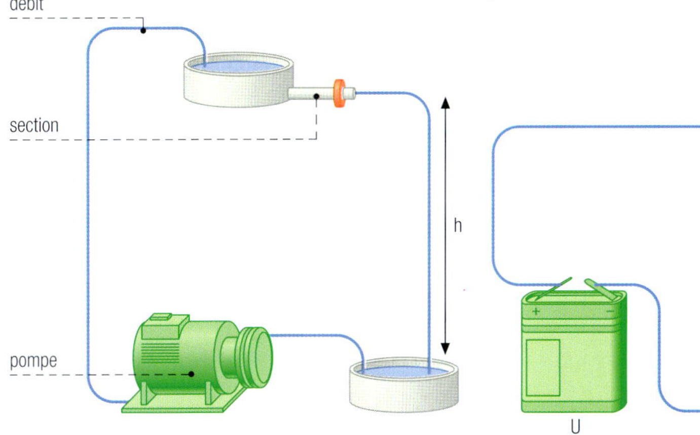

On compare souvent un circuit électrique à un circuit hydraulique, où la différence de hauteur *h* est analogue à la différence de potentiel, le débit à l'intensité et la section du tube à la résistance. La pompe qui fait remonter l'eau au niveau supérieur serait le générateur.

LES EFFETS DU COURANT

Évoquons certains phénomènes qui se produisent chez nous grâce à l'usage d'un courant et observons en quoi il se transforme : le moulin à café (énergie mécanique), le fer à repasser (chaleur), l'ampoule (chaleur et lumière), la batterie de l'automobile (énergie chimique)...

Les ampoules d'une maison sont montées en parallèle, tandis que celles de l'arbre de Noël sont en série : quand l'une d'elles grille, elles s'éteignent toutes.

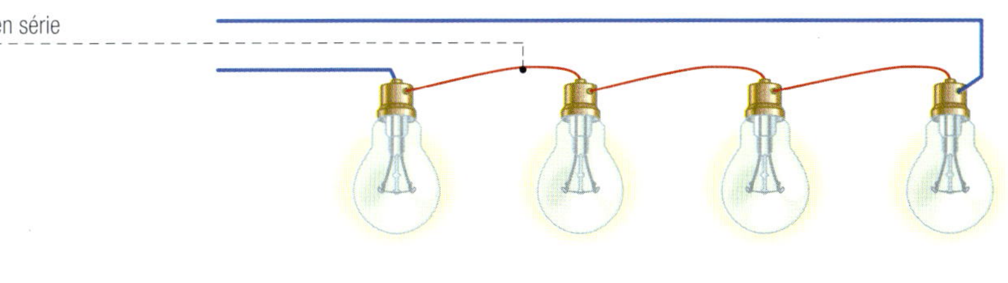

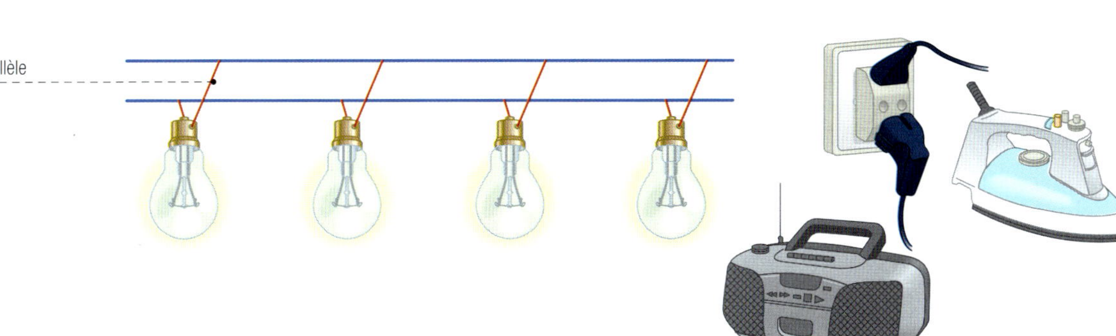

LES GRANDEURS ÉLECTRIQUES

Nous avons vu une grandeur : la **différence de potentiel** ou **tension** *U*. Rappelons que la tension entre deux points, qui se mesure en volts (V), est le travail pour transporter une charge d'un coulomb entre ces deux points. Il existe aussi d'autres grandeurs électriques :

- L'**intensité** du courant (*I*) est la charge qui circule dans un conducteur par unité de temps. Son unité dans le SI est l'**ampère**, qui a pour symbole A.
- La **résistance** (*R*) est l'opposition que manifeste un conducteur au passage du courant. On peut la définir, comme le fit le physicien allemand Georg Ohm, comme le quotient entre la différence de potentiel et l'intensité : $R = U/I$. La résistance se mesure en **ohms** dont le symbole est Ω.

MAGNÉTISME ET ÉLECTROMAGNÉTISME

Combien d'aimants ou d'électroaimants y a-t-il dans une maison ? Quelques-uns ? Des dizaines ? Ou peut-être davantage ? Pensons à la boussole pour aller en excursion, aux aimants qui fixent la liste des courses sur notre réfrigérateur ou d'autres pense-bêtes, à la fermeture des portes de placard dans la cuisine ou dans d'autres pièces, à tous les appareils électriques pourvus d'un moteur : batteur, moulin à café, mixeur, aspirateur, etc.

LES AIMANTS

Il existe dans la nature des minéraux, comme la **magnétite**, qui ont la propriété d'attirer de façon sensible les objets en **fer** et, avec moins d'intensité, ceux en **nickel** ou **cobalt**. On peut obtenir artificiellement des matériaux dotés de cette propriété de manière soit temporaire (fer doux) soit permanente (acier). La force d'attraction est plus forte aux extrémités des aimants, que l'on appelle **pôles** : pôle nord et pôle sud. On les nomme ainsi parce qu'un aimant libre de pivoter horizontalement s'oriente du Nord au Sud de la Terre. Le pôle nord d'un aimant s'oriente vers le pôle Nord magnétique de la Terre, situé près du pôle Nord géographique.

Avec le **néodyme**, un métal, on peut fabriquer des aimants beaucoup plus puissants qu'avec le fer.

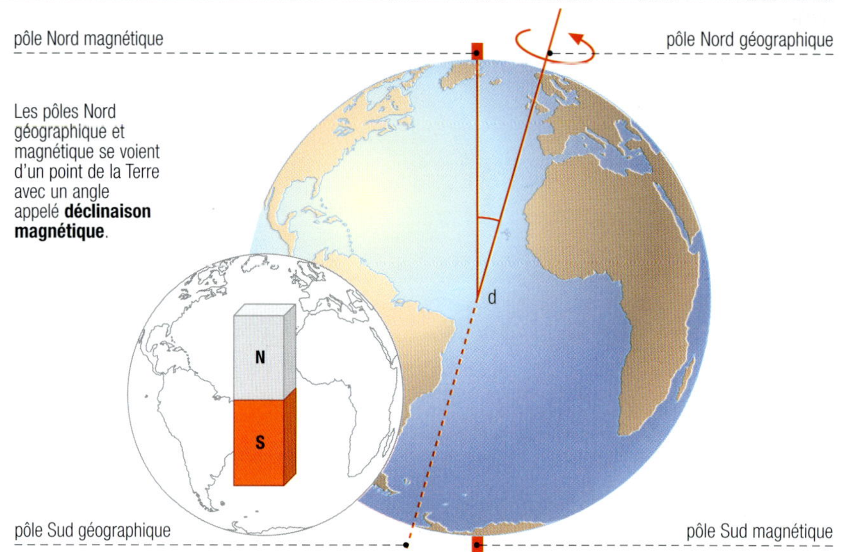

Les pôles Nord géographique et magnétique se voient d'un point de la Terre avec un angle appelé **déclinaison magnétique**.

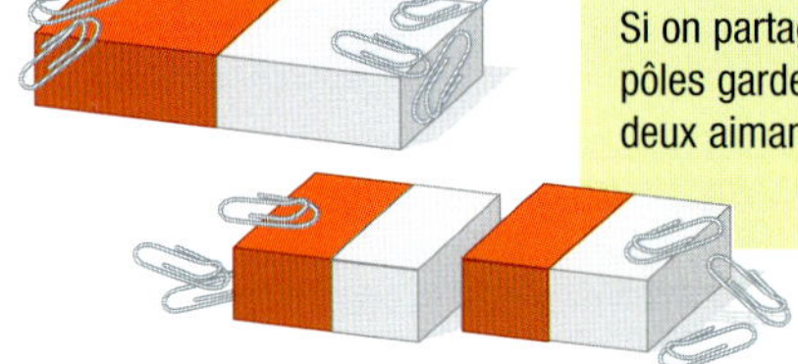

Si on partage un aimant par la moitié, les pôles gardent le même sens, mais on obtient deux aimants moins puissants que le premier.

Le moteur d'un aspirateur fonctionne grâce à des électroaimants.

L'INDUCTION MAGNÉTIQUE

Quand on touche avec un aimant un morceau de fer ou d'acier, celui-ci acquiert des propriétés magnétiques (il est **magnétisé** ou **aimanté**) qui disparaissent quand le contact cesse dans le cas du fer, ou persistent quelque temps dans celui de l'acier. Un aimant faible peut se fabriquer en frottant une barre d'acier avec un aimant, toujours dans le même sens. Un matériau magnétique se comporte comme de petits aimants en désordre dont les effets s'annulent. Quand on le touche avec un aimant, le pôle nord de l'aimant attire les pôles sud des petits aimants du matériau et vice versa, et les petits aimants s'orientent. Quand on éloigne l'aimant, les petits aimants du fer reprennent leur position initiale, mais pas ceux de l'acier.

Le fer retrouve son état initial quand on éloigne l'aimant, alors que l'acier continuera à être aimanté pendant un certain temps.

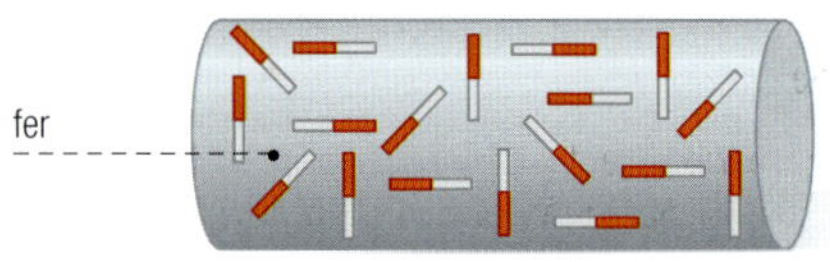

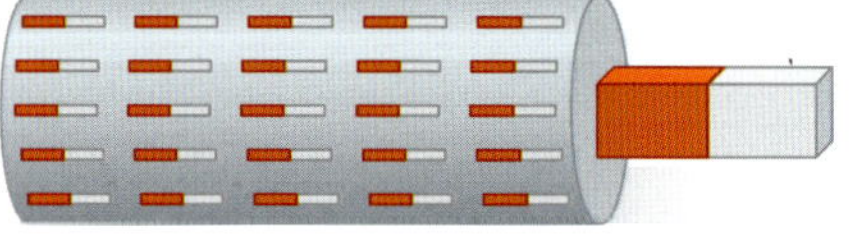

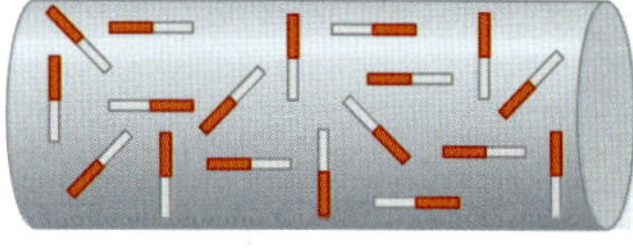

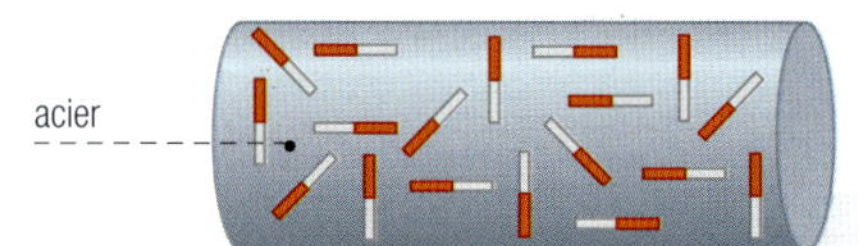

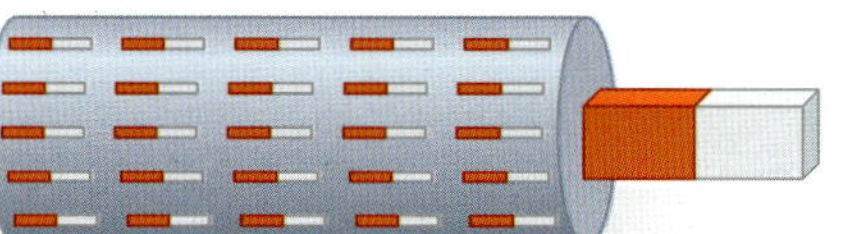

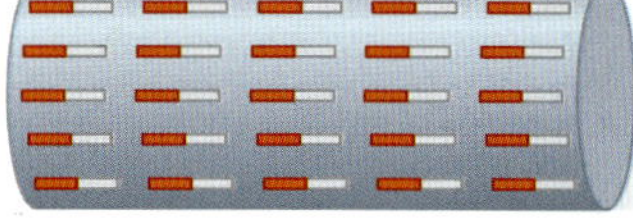

COURANT ET MAGNÉTISME

Au XIXe siècle, un Danois, Christian Œrsted, fit l'expérience suivante : il plaça sur un fil conducteur rectiligne, traversé par un courant continu, une boussole (aimant qui peut tourner librement). Cette boussole ne s'orientait pas du nord au sud, mais elle se plaçait perpendiculairement au fil. Ce phénomène indiquait que le courant créait un **champ magnétique**.

L'EXPÉRIENCE DE ŒRSTED

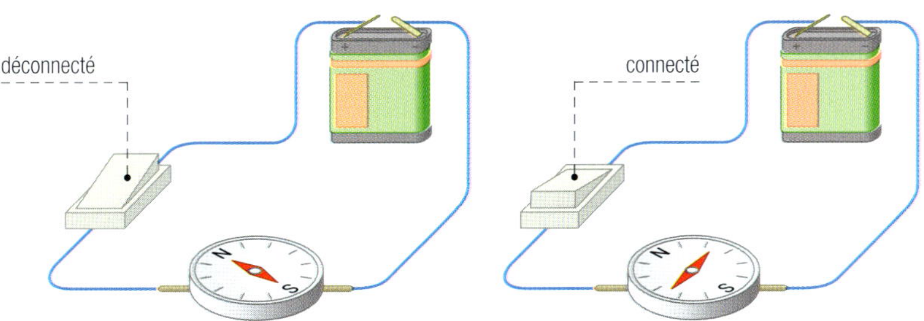

CHAMP MAGNÉTIQUE

On appelle champ magnétique la région de l'espace où les **effets magnétiques** d'un aimant ou d'un électroaimant sont notables. Les champs magnétiques se représentent par des **lignes de champ**.

LA RÈGLE DE LA MAIN DROITE

De même qu'un courant crée un **champ magnétique**, de même un champ magnétique dont l'intensité varie peut créer un **courant électrique**.

LA DIRECTION DU CHAMP MAGNÉTIQUE

Si un fil conducteur traverse perpendiculairement une surface, il crée un champ magnétique dont les lignes de champ sont concentriques par rapport au fil. Le sens du champ est donné par les doigts de notre main droite qui tiendrait le fil, le pouce indiquant le sens du courant. Cette règle nous permet de connaître le champ créé par une **spire** et, par extension, celui de nombreuses spires que l'on nomme **solénoïde**.

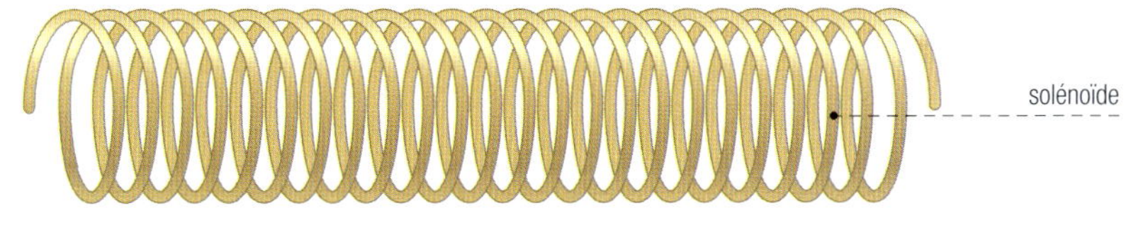

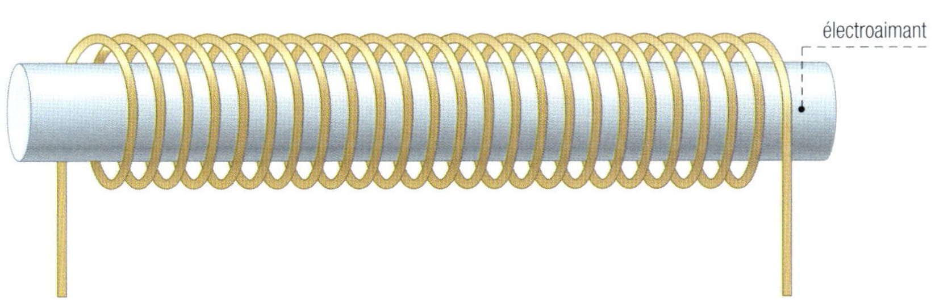

Si on introduit un **noyau** de fer dans un solénoïde, on obtient un **électroaimant** et l'intensité du champ magnétique qu'il produit augmente considérablement.

DES APPLICATIONS

Les aimants et les électroaimants ont beaucoup d'applications. Les plus importantes sont :

- Les **électroaimants de levage** utilisés pour déplacer des matériaux ferreux.
- Les **relais**. Ces interrupteurs, actionnés par un électroaimant, évitent les étincelles de contact et sont commandés à distance.
- Les **appareils de mesure**. Nombre d'ampèremètres, de voltmètres, etc., utilisent la force générée par un électroaimant.
- Les **moteurs** et les **générateurs** de courant comportent des électroaimants ou des aimants mobiles.

Les ferrailleurs utilisent de gros électroaimants pour déplacer les matériaux ferreux.

LES STRUCTURES DE LA MATIÈRE

L'air que nous respirons, le livre que nous lisons, l'eau que nous buvons… tout ce qui nous entoure est constitué de matière. La matière est composée de substances diverses qui se distinguent par des propriétés spécifiques. Une seule propriété ne suffit pas pour identifier une substance ou un mélange de substances. Il faut connaître un ensemble de propriétés. De même que pour définir une personne, il ne suffit pas de dire qu'elle est blonde, mais d'autres caractéristiques de cette personne sont nécessaires pour l'identifier.

UNE ANALYSE IMMÉDIATE

Les substances naturelles sont le plus souvent des **mélanges** :

- **hétérogènes** si on peut distinguer, à l'œil nu ou à l'aide d'une loupe, des parties différentes dont les propriétés sont distinctes (couleurs, état physique…).
- **homogène** quand, même avec une loupe, on ne peut distinguer de parties différentes. Leur composition est la même en tout point.

L'eau trouble d'une rivière comme le liquide du verre ci-contre sont des exemples de mélanges hétérogènes. Les substances les plus denses sont les premières à se déposer au fond.

LES MÉLANGES HÉTÉROGÈNES

Il est possible de séparer les éléments constitutifs des matières hétérogènes, ou **mélanges hétérogènes**, par des méthodes purement mécaniques comme la **filtration**, la **décantation**, la **centrifugation**, la **flottation**, l'**extraction**, etc. Cela ne signifie pas qu'il n'existe pas de méthodes plus efficaces pour procéder à cette séparation. Ces méthodes mécaniques sont d'ordinaire précédées par des opérations préliminaires comme la **mouture** ou la **trituration** dans le cas de matériaux solides.

Les tubes à essai tournent rapidement dans la centrifugeuse : les solides du mélange se précipitent et se tassent. Décanter le liquide est alors facile.

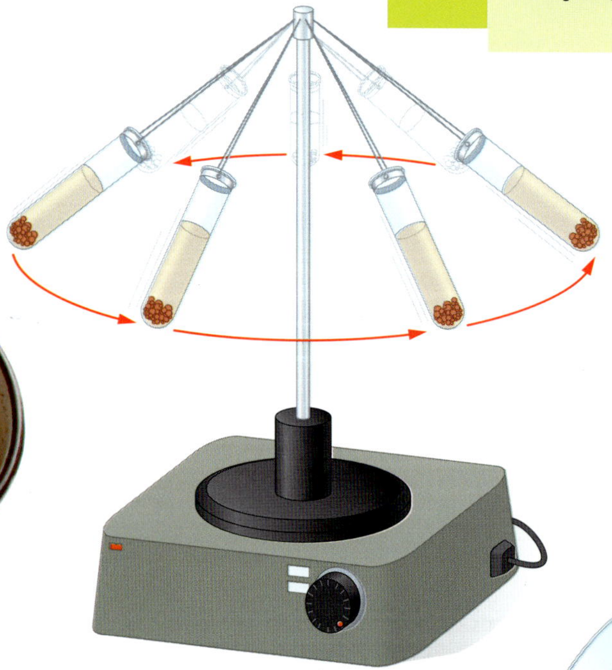

Un mélange hétérogène est constitué de plusieurs parties homogènes, ou **phases**.

Pour décanter un mélange, on le laisse reposer jusqu'à complète précipitation des solides qui se déposent au fond du récipient.

La filtration sert à séparer les solides des liquides d'un mélange hétérogène.

LES MÉLANGES HOMOGÈNES

Même si l'aspect ou l'étude des propriétés d'une matière nous indiquent qu'elle est homogène, cela ne signifie pas qu'elle est constituée d'une substance unique. La matière homogène peut être de deux types :

- Les **solutions**. Ce sont des mélanges homogènes composés d'un solvant et d'une ou plusieurs substances dissoutes appelées **solutés**. Les composants d'une solution peuvent être séparés par des processus de changement d'état, comme la distillation ou la congélation.
- Les **corps purs**. Ce sont des substances qui résistent à toute opération de fractionnement, qui ne se décomposent pas en changeant d'état et qui ont des propriétés caractéristiques.

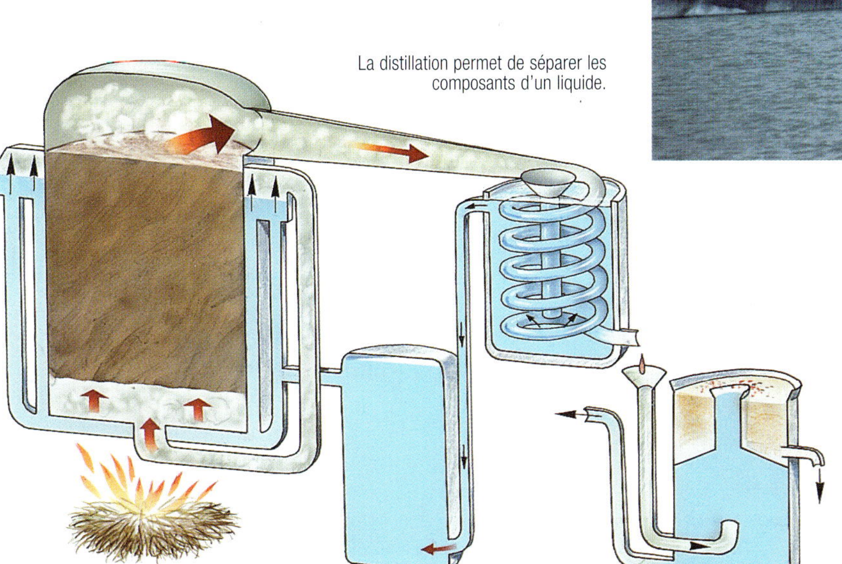

La distillation permet de séparer les composants d'un liquide.

Les icebergs se composent d'eau douce gelée, bien qu'ils se soient formés à partir de l'eau salée de la mer.

Aujourd'hui, il est possible de décomposer les éléments par une réaction de **fission nucléaire**.

LES CORPS PURS

Un corps pur a des propriétés physiques qui permettent de le définir : sa température de fusion, sa température d'ébullition, sa couleur, sa dureté, sa densité, etc. Il possède également des propriétés chimiques : sa stabilité, sa réactivité à l'eau, à l'oxygène, aux acides ou aux bases, etc. Les corps purs peuvent être :

- des **composés** qui se forment à partir de réactions entre des substances pures plus simples ou se décomposent sous l'effet de la chaleur ou de l'électricité.
- des **éléments** chimiques ou **corps simples** qui ne peuvent ni se décomposer sous l'effet de la chaleur ou de l'électricité, ni se former à partir de corps plus simples.

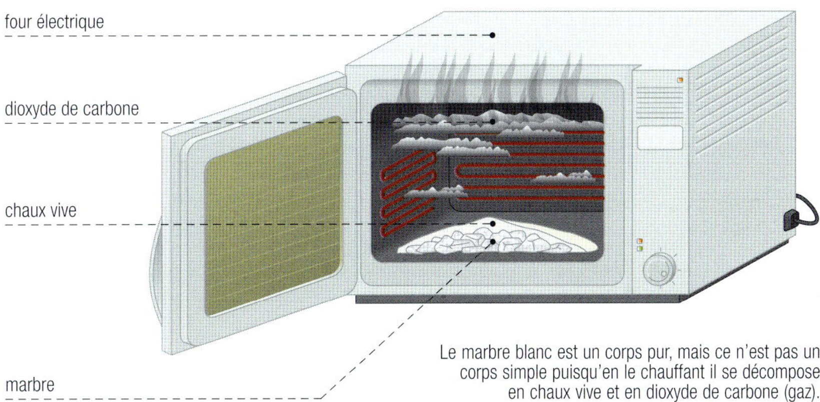

Le marbre blanc est un corps pur, mais ce n'est pas un corps simple puisqu'en le chauffant il se décompose en chaux vive et en dioxyde de carbone (gaz).

À ce jour, il existe 115 éléments chimiques, soit naturels soit synthétiques, dont la plupart pourraient se former à partir de seulement une vingtaine d'entre eux.

SYMBOLES ET FORMULES

Les **éléments** chimiques se représentent par des **symboles**. Chaque symbole est d'ordinaire la première lettre en majuscule du nom de l'élément en latin et, dans le cas de similitude avec d'autres éléments, on lui ajoute une lettre minuscule.

Les **composés** se représentent par des **formules**. Dans une formule sont inscrits les symboles des éléments constitutifs du composé accompagnés d'un indice qui indique la proportion dans laquelle ils se trouvent.

Introduction
Les forces
Le mouvement
L'énergie
La chaleur
Les fluides
Les oscillations et les ondes
Le son
L'optique
L'électricité
La matière
La structure de la matière
Les mélanges
Les corps purs
Les réactions chimiques
Index

LES ÉTATS DE LA MATIÈRE

Si quelqu'un nous demandait une définition du fer, nous répondrions que c'est un métal, solide, de couleur grise, conducteur de... Cette réponse est juste jusqu'à un certain point, car elle comporte une imprécision. En indiquant l'état d'agrégation du fer ou de toute autre substance, il faut préciser les conditions. Ainsi, nous devrions préciser dans notre exemple que le fer est solide à la température ambiante puisque, à d'autres températures, son état serait différent.

LA THÉORIE CINÉTIQUE

Les corps sont composés d'atomes, de molécules et d'ions qui exercent entre eux des forces de cohésion. Tout élément constitutif de la matière, s'il ne se trouve pas à la température du zéro absolu (– 273,15 °C), est en mouvement constant et son **énergie cinétique** est en relation directe avec la **température**. Ainsi, quand nous chauffons un corps, celui-ci emmagasine l'énergie reçue sous forme d'énergie cinétique (augmentation de température) et d'énergie **potentielle** (dilatation). La vitesse de toutes les particules n'est pas la même, mais à chaque température correspond une **vitesse moyenne**.

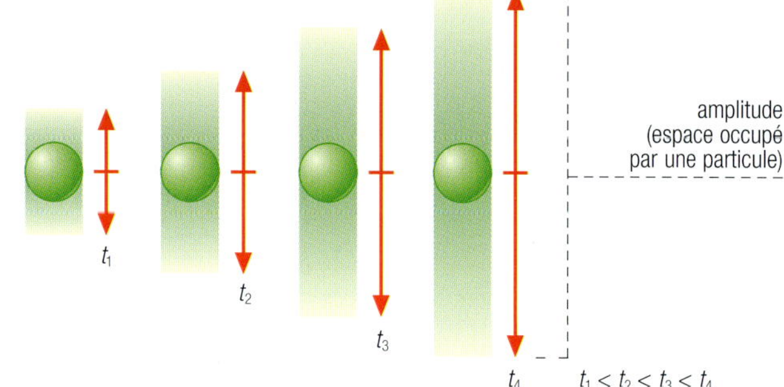

Avec l'augmentation d'amplitude de la vibration, l'espace occupé par chaque particule augmente.

Jusqu'à la moitié du XXe siècle, les maréchaux-ferrants dilataient dans le feu des cercles de fer qui, ajustés aux roues des charrettes, les protégeaient de l'usure.

LES SOLIDES

L'énergie cinétique des constituants des solides est inférieure à leur énergie de liaison. Ces constituants ne peuvent donc que **vibrer** autour d'une position d'équilibre centrale qui ne dépend que de leur masse et des forces d'interaction. En apparence, les corps solides ne changent pas de forme. Mais comme leurs constituants sont en mouvement constant, les solides se déforment sans cesse, bien qu'ils aient une apparence extérieure rigide.

Les premiers postes de radio à galène utilisaient la fréquence des vibrations de la **galène** – un minerai de plomb – pour détecter les signaux des stations radio.

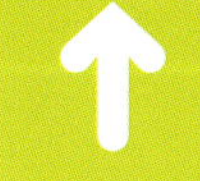

La galène est le plus ancien semi-conducteur utilisé pour détecter des signaux radioélectriques.

Les composants des solides se comportent comme s'ils étaient unis entre eux par des ressorts.

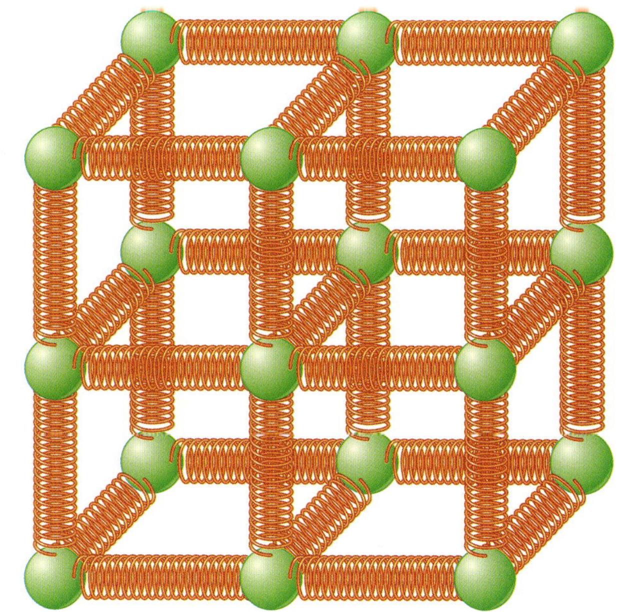

Les boules de naphtaline s'évaporent en quelques semaines.

LES SOLIDES S'ÉVAPORENT-ILS ?

Vous avez probablement vu dans les armoires à linge – à côté des vêtements en laine – des boules, des disques ou des plaques d'un solide blanc et cristallin qui sent mauvais. C'est de la **naphtaline** ou paradichlorobenzène. Ce produit sert à éviter les trous causés par les mites. Ce solide disparaît au bout de quelque temps : il s'est évaporé. C'est pourquoi son odeur désagréable s'est dispersée dans toute la pièce.

LES GAZ

Les molécules des gaz ont une liberté de mouvement totale. Une molécule peut occuper n'importe quel point de son récipient qui n'est pas déjà occupé par une autre, et les forces intermoléculaires sont presque nulles. En pratique, pour utiliser des lois simples (l'**équation d'état** des gaz), on considère les gaz comme des **gaz parfaits** constitués de molécules qui n'interagissent pas entre elles.

GAZ PARFAIT

Un gaz se comporte comme un gaz parfait quand il se trouve loin de ses conditions de condensation, c'est-à-dire à haute température et à basse pression.

LES LIQUIDES

Les molécules des liquides ont plus de latitude pour bouger que les composants des solides. Elles peuvent le faire dans toutes les directions et parcourir de grandes distances avec une seule limite : elles doivent toujours rester en contact les unes avec les autres. Ce contact se rompt seulement quand l'une d'elles arrive à la surface avec une vitesse suffisante et dans la direction correcte pour s'échapper et passer dans l'air. En ce cas, nous disons que le liquide s'**évapore**.

Les molécules tombant obliquement sur une surface, même si elles ont une vitesse suffisante, ne s'évaporent pas mais ricochent sur la surface comme le ferait une pierre lancée obliquement dans un lac.

LOI ET MOUVEMENT

Avec l'équation d'état du gaz parfait ($p \cdot V / T =$ constante), nous avons vu que, lorsque la température augmente à volume constant, la pression augmente. Pourquoi ? L'élévation de température fait augmenter la violence des collisions des molécules contre les parois. Or, la pression est le quotient de la force de ces collisions par la surface. Nous avons également vu que la pression augmente en réduisant le volume à température constante. L'explication par la théorie cinétique est simple : en réduisant le volume sans diminuer la température, le nombre de collisions augmente, sans que leur intensité faiblisse, d'où l'augmentation de pression.

Dans les fêtes foraines, si la vitesse des autotamponneuses augmentait, ces véhicules deviendraient dangereux parce que le nombre de collisions et leur intensité augmenteraient.

LES CHANGEMENTS D'ÉTAT

Un changement d'état est le conflit entre deux phénomènes qui ont des effets contraires : le mouvement et les forces d'interaction.

- Un **mouvement** tend à séparer les constituants des corps et son effet augmente avec la température qui fait accroître la vitesse de ces constituants.
- Les **forces d'interaction** tendent à unir les constituants des corps. Ces forces varient peu avec la température, mais elles sont sensibles aux distances entre les constituants qui varient avec la pression.

Sous le couvercle d'une marmite qui a contenu de l'eau, même froide, apparaissent des gouttes d'eau qui proviennent de la condensation de la vapeur.

LA VAPORISATION

Les solides comme les liquides s'évaporent. La vaporisation est le processus par lequel des molécules quittent la surface d'un liquide. Si la vaporisation se produit dans un récipient fermé, l'augmentation du nombre de molécules du gaz fait augmenter la pression. Pour chaque corps, il existe une température limite déterminée à partir de laquelle la pression n'augmente plus. La vaporisation continue, mais les molécules du gaz retournent à leur état initial ; il s'ensuit que nous ne remarquons aucun changement. L'augmentation maximale de pression porte le nom de **pression de vapeur** d'un corps.

La pression de vapeur des solides comme des liquides augmente avec la température.

En entrant en contact avec le liquide chaud, les constituants du fer quittent leur position d'équilibre.

Le passage de l'état liquide à l'état solide s'appelle la **solidification**. Il se produit à la même température que la fusion.

Si la pression de vapeur du solide est supérieure à la pression extérieure, en général celle de l'atmosphère, le solide passe directement à l'état gazeux. Ce phénomène s'appelle **sublimation**.

LA FUSION

Tout le monde a vu un glaçon en train de fondre dans un verre. Ce phénomène, banal et observable à l'œil nu, est plus complexe qu'il n'y paraît. Quand la glace atteint une certaine température, l'amplitude des vibrations de ses constituants est si grande que les forces d'interaction deviennent insuffisantes pour permettre aux constituants de revenir à leur position d'équilibre, en restant libres ; comme leur vitesse n'est plus suffisante pour qu'ils se séparent de leurs semblables, ils passent à l'état liquide.

Avec les premières chaleurs, la neige fond et forme de petits ruisseaux qui vont se réunir pour constituer une rivière plus grosse.

L'ÉBULLITION

À une température déterminée, quand la pression de vapeur est égale à la pression extérieure du récipient – en général celle de l'atmosphère – à l'intérieur du liquide se forment des bulles qui montent à sa surface et éclatent violemment. Ce phénomène s'appelle l'ébullition. À la température d'ébullition, la vitesse des molécules est si grande qu'elle brise les forces d'interaction et les molécules sont alors complètement libres.

Le retour d'un gaz à l'état liquide, appelé **condensation** ou **liquéfaction**, se produit à la même température que l'ébullition.

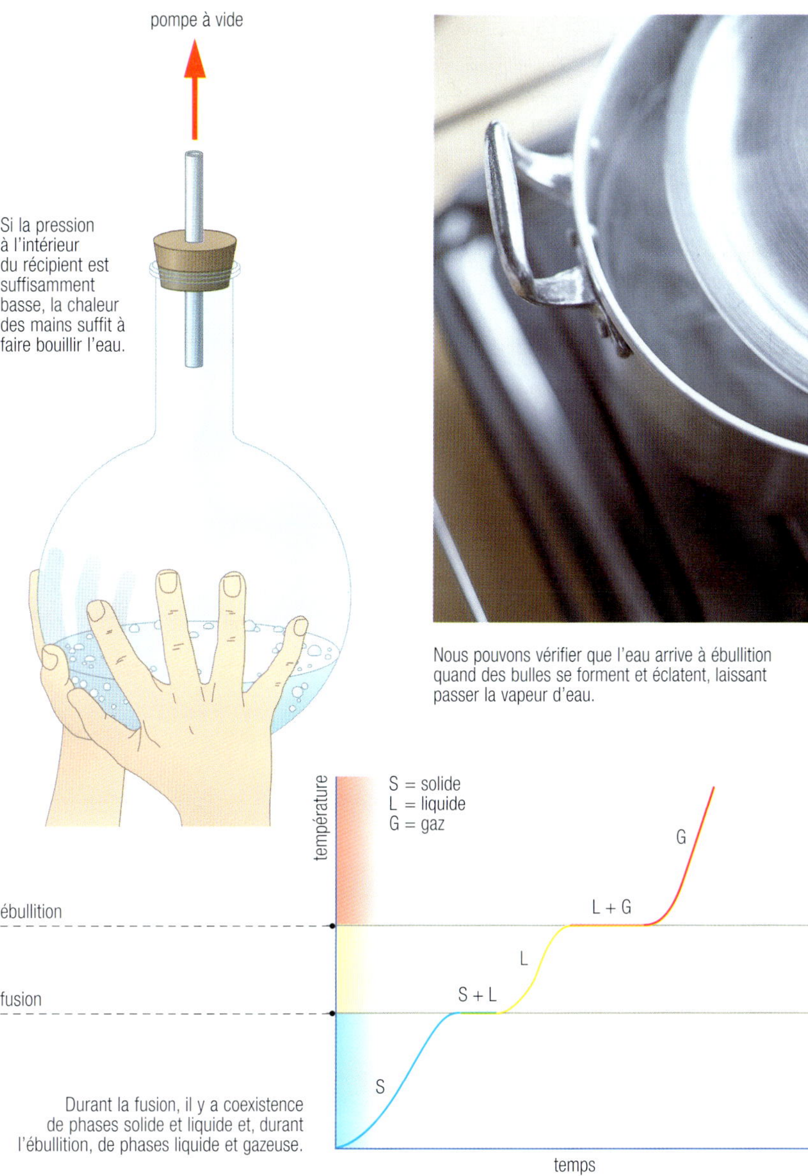

Nous pouvons vérifier que l'eau arrive à ébullition quand des bulles se forment et éclatent, laissant passer la vapeur d'eau.

Durant la fusion, il y a coexistence de phases solide et liquide et, durant l'ébullition, de phases liquide et gazeuse.

LOIS DES CHANGEMENTS D'ÉTAT

Tous les changements d'état sont régis par les mêmes lois :

- À une pression déterminée, chaque corps a une **température de fusion** et d'**ébullition** ou de **sublimation** qui le caractérise.
- Pendant le changement d'état, la **température** reste **constante**.
- La fusion, l'ébullition ou la sublimation se produisent par **absorption** d'une **quantité de chaleur** déterminée qui caractérise chaque corps. Lors de la condensation, de la solidification ou de la sublimation, il y a **libération** de la même quantité de chaleur.

ÉVAPORATION ET ÉBULLITION

Lorsqu'un liquide se vaporise lentement dans l'air, c'est une **évaporation**. L'évaporation comme l'ébullition sont le passage de l'état liquide à l'état gazeux. Mais il faut considérer les différences entre ces deux phénomènes. L'évaporation se produit à toute température, même si l'augmentation de température la rend plus rapide. L'ébullition se produit à une température déterminée pour chaque corps. L'évaporation a lieu seulement à la surface et, pour la favoriser, on peut étaler le liquide comme quand on lave le sol. L'ébullition a lieu dans tous les points du liquide.

Les solides **amorphes**, comme la cire ou le verre, n'ont pas de température de fusion puisqu'ils ramollissent, mais ils ont une température d'ébullition. Aussi sont-ils considérés comme des liquides à **haute viscosité**.

LES ATOMES

Il n'est pas nécessaire de te décrire ta maison. Tu la vois et tu la connais donc parfaitement. Si tu parles à un ami de ta maison, peut-être se la représentera-t-il avec précision, mais rien n'est moins sûr. Au fur et à mesure de tes descriptions, il modifiera la forme et le contenu de cette maison qu'il imagine et il s'approchera probablement de la réalité. De la même manière, nous ne pouvons voir la matière de l'intérieur ; il est donc nécessaire de l'imaginer à partir de l'expérience, de créer un modèle.

Dans l'obscurité, grâce au toucher, nous pouvons nous constituer un modèle du contenu d'une pièce.

LE MODÈLE DE DALTON

Dalton s'est imaginé la matière à partir de l'étude des relations entre les masses des réactifs et des produits intervenant dans une réaction chimique. Sa représentation de la matière, très proche de celle d'aujourd'hui, peut se résumer en trois points :

- Les **corps simples**, ou **éléments**, sont constitués d'**atomes**, et tous les atomes sont semblables entre eux.
- Les **composés** sont constitués de **molécules**, et toutes les molécules d'un composé sont semblables entre elles. Une molécule est un groupement d'atomes.
- Dans une **réaction chimique**, les molécules se brisent et leurs atomes se regroupent sous une autre forme.

Dalton ignorait l'existence des **isotopes**, corps constitués d'atomes d'un même élément avec au moins une propriété différente, leur masse.

Tous les éléments gazeux ne comportent pas deux atomes. Les **gaz rares** ou **nobles** ont un seul atome, et certaines vapeurs en ont quatre, comme celle du phosphore (P_4), ou huit, comme celle du soufre (S_8).

Il est possible de représenter les atomes d'un solide ou d'un liquide par des boules de tailles variées et de différentes couleurs ; les atomes des gaz par une paire de boules semblables, et ceux des composés par des groupes de boules différentes.

éléments atomiques	éléments moléculaires	composés
potassium	oxygène	eau
strontium	hydrogène	chlorure d'hydrogène
baryum	chlore	acide chloreux

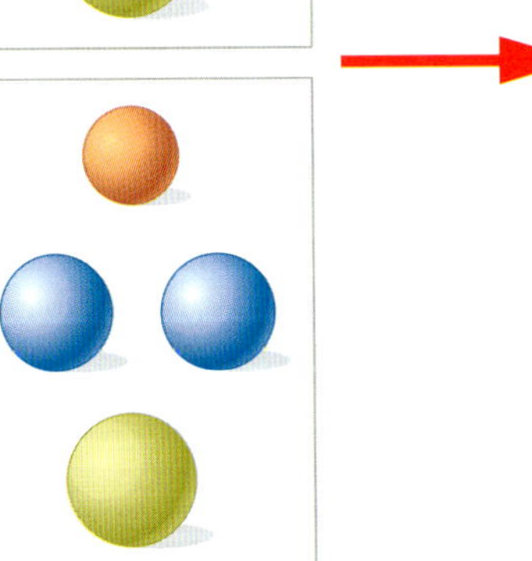

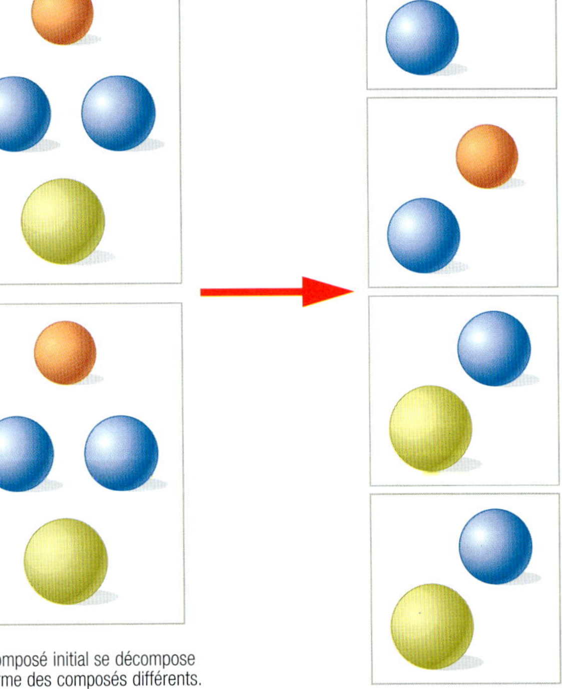

Le composé initial se décompose et forme des composés différents.

LES GAZ

C'est **Avogadro** qui, en étudiant les relations entre les volumes de gaz qui interviennent dans une réaction, a conçu un modèle expliquant le comportement de ces éléments : le même nombre de molécules d'un gaz occupe le même volume chaque fois qu'il se trouve dans les mêmes conditions de température et de pression. Le modèle de la matière de Dalton et celui des gaz d'Avogadro présentaient quelques légères contradictions. Elles ont été résolues par un ajout au premier point du modèle de Dalton stipulant que certains éléments gazeux comportent plusieurs **molécules diatomiques** (formées de deux atomes semblables).

LES MODÈLES DE L'ATOME

Personne ne les a vus, pourtant divers modèles d'atomes furent définis au cours du XXᵉ siècle.

- Pour **Thomson**, l'atome était une masse positive, avec des électrons incrustés.
- Pour **Rutherford**, l'atome avait un noyau très petit avec des charges positives et neutres, et une couronne circulaire d'électrons de charge négative. Le rayon de cette couronne était d'environ 10 000 fois celui du noyau.
- Pour **Bohr**, l'atome ressemblait au système solaire, avec un noyau semblable à celui imaginé par Rutherford, mais les électrons, situés à plusieurs niveaux, avaient différentes énergies et la forme de leur orbite pouvait être circulaire ou elliptique.
- Le **modèle actuel** de l'atome est beaucoup plus complexe. Il suffit de dire qu'on a cessé de parler d'orbite et que fut introduit le concept d'orbitale. L'**orbitale** est une zone de l'espace où la probabilité de présence d'un électron est maximale.

MODÈLES DE L'ATOME

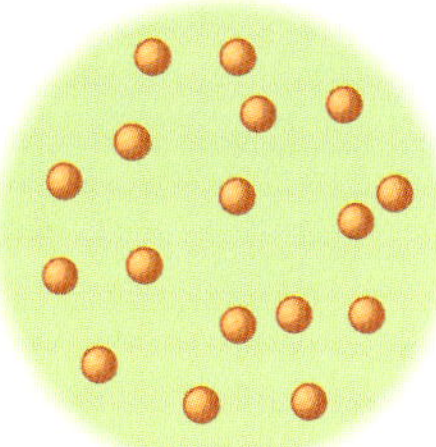
modèle de Thomson

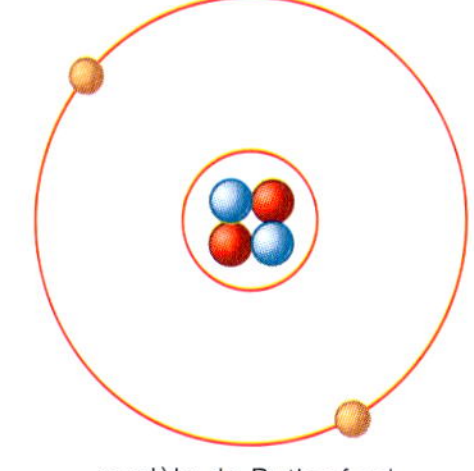
modèle de Rutherford

modèle de Bohr

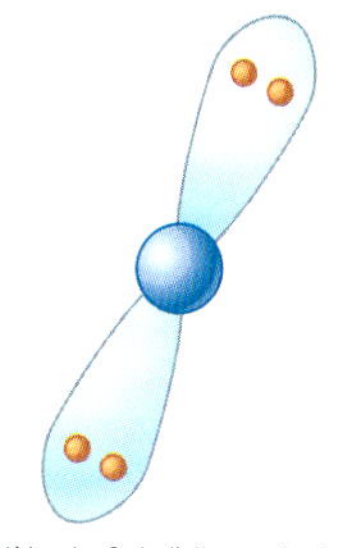
modèle de Schrödinger (actuel)

MASSE MOLÉCULAIRE

La masse des molécules est la somme des masses des atomes qui les constituent.

Un atome de sodium a la même masse que 23 atomes d'hydrogène : leur masse atomique relative est 23.

1 atome de sodium

23 atomes d'hydrogène

LA MASSE DES ATOMES

Personne ne doutait que les atomes aient une masse, mais sans savoir comment l'évaluer. D'abord, on compara la masse de tous les atomes connus avec la masse d'un atome d'hydrogène, et on appela le résultat obtenu **masse atomique relative**. Plus tard, on utilisa l'**unité de masse atomique** (u). Les masses atomiques ont été calculées à partir de diverses autres références. Aujourd'hui, on les calcule en considérant qu'un atome de l'isotope 12 du carbone pèse 12 u.

Le **nombre d'Avogadro** est le nombre d'entités élémentaires contenues dans une mole : $6{,}02 \cdot 10^{23}$, soit 602 000 000 000 000 000 000 000 entités élémentaires.

LA MOLE

En laboratoire, on ne peut pas peser en unité de masse atomique. On appelle masse atomique relative, ou **atome-gramme**, la masse d'un atome d'un corps donné, exprimée en grammes. La mole (symbole mol) est l'unité de quantité de matière du Système International. Une mole est la quantité de matière d'une substance contenant autant d'entités élémentaires qu'il y a d'atomes dans 12 g de carbone 12. Les entités élémentaires sont les atomes, les ions ou les molécules.

1 particule

1 particule, 1 mole
= 602 000 000 000 000 000 000 000 particules

Une mole d'eau (18 g) contient $6{,}02 \cdot 10^{23}$ molécules, des millions de fois plus que les cheveux de tous les êtres humains des vingt derniers siècles.

LA CLASSIFICATION PÉRIODIQUE

Quand une classification est-elle nécessaire ? Imagine que dans ta chambre tu as une étagère avec seulement quatre livres. Il serait absurde de perdre du temps à concevoir un classement. D'un seul coup d'œil, tu pourrais localiser l'exemplaire qui t'intéresse. Maintenant, supposons que tu as cent vingt livres dans ta chambre. Pour en localiser un rapidement, tu devrais les ranger selon un critère logique et connu. L'ordre des livres et leur situation sur l'étagère pourraient alors t'indiquer le style d'un ouvrage, son thème ou toute autre propriété pertinente pour toi.

UN PEU D'HISTOIRE

Avant d'établir la classification périodique actuelle, il y eut diverses tentatives de classification. Au XVIIIe siècle, on ne connaissait que 31 éléments et un classement n'était pas nécessaire. Au siècle suivant, on découvrit la majorité des éléments connus aujourd'hui. La première classification, due à l'Allemand **Döbereiner**, regroupait les éléments par **triades** selon leurs propriétés : le chlore, le brome et l'iode ; le lithium, le sodium et le potassium, etc. La masse atomique de l'élément central était la moyenne arithmétique des autres éléments de la triade. En 1865, l'Anglais **Newlands** ordonna les éléments selon leur **masse atomique** et il observa que, avec quelques irrégularités, leurs propriétés se répétaient périodiquement. En 1869, le russe **Mendeleïev** classa les éléments selon leur **numéro atomique** et obtint le tableau que nous connaissons aujourd'hui avec de légères modifications.

Aujourd'hui, il existe vingt-cinq éléments synthétiques dont la plupart sont des **transuraniens** dont le numéro atomique est plus grand que celui de l'uranium.

NUMÉRO ATOMIQUE

On appelle numéro atomique le nombre de **protons** dont est pourvu le noyau de l'atome d'un élément. Le numéro atomique caractérise chaque élément.

Le noyau de l'atome de lithium représenté possède 3 protons comme tous les atomes de lithium et quatre neutrons. Son numéro de masse est quatre et son nombre atomique trois.

Dans les éléments représentatifs, le numéro du groupe correspond au nombre d'électrons que comporte l'atome sur sa dernière couche.

LE TABLEAU PÉRIODIQUE

Depuis 1999, le tableau périodique comporte 115 éléments classés selon leur numéro atomique de 1 à 118, les 113, 115 et 117 n'existant pas à l'heure actuelle. Le numéro indiqué est le numéro atomique.

Le tableau comporte 18 colonnes ou **groupes** qui sont de deux types : A (**représentatifs**) et B (**de transition**). Il comporte aussi sept lignes ou **périodes** dont une de deux éléments, deux de huit, deux de dix-huit, une de trente-deux et la dernière de vingt-neuf, incomplète, qui se remplit au fil du temps.

LE RAYON ATOMIQUE

Le rayon des atomes est une propriété périodique qui varie de façon régulière selon les périodes et les groupes.

- À mesure que le numéro atomique augmente dans une période, le rayon atomique diminue.
- À mesure que le numéro atomique augmente dans un groupe, le rayon atomique augmente.

L'électroaffinité des gaz rares est nulle, bien qu'ils soient tout à fait à droite du tableau (groupe VIIIA).

L'ÉNERGIE D'IONISATION

C'est l'énergie qu'il faut fournir à un atome pour lui arracher un électron. Cette énergie est très importante quand le nombre d'électrons de la dernière couche est de huit (VIIIA, gaz rares), et il diminue jusqu'à ce que ce nombre soit de un (IA, métaux alcalins).

À mesure que le numéro atomique augmente au sein d'un groupe, l'augmentation du rayon atomique réduit l'attraction des électrons qui se trouvent alors plus éloignés du noyau positif, et l'énergie d'ionisation diminue.

L'énergie d'ionisation est également appelée **potentiel d'ionisation**.

L'ÉLECTROAFFINITÉ

L'électroaffinité est la propriété, pour un élément, de se transformer en ion par perte d'un électron. L'électroaffinité est grande pour les atomes qui se trouvent à droite du tableau et petite pour ceux qui se trouvent à sa gauche.

Il existe une propriété, également périodique, qui est en étroite relation avec l'énergie d'ionisation et l'électroaffinité, c'est l'**électronégativité**. Elle représente l'aptitude que possède un atome à fixer une paire d'électrons qu'il partage avec un autre atome.

LE NOMBRE D'OXYDATION

On appelle **valence** le nombre de liaisons chimiques engagées par un atome dans une combinaison chimique. On a souvent défini la valence d'un élément comme le nombre d'atomes d'hydrogène avec lesquels un atome de cet élément peut s'unir. Le **nombre d'oxydation** coïncide en général avec la valence ; il nous indique l'état d'oxydation d'un élément. Le nombre d'oxydation d'un élément qui n'est pas combiné est toujours nul. Si celui-ci se combine, et s'il est l'élément le plus électronégatif de la combinaison, ce nombre ne sera pas positif, mais négatif.

Ce masque funéraire mycénien est en or. L'or est l'élément 79 du tableau et son symbole est Au, du latin *aurum*.

CALCUL DU N.O.

Pour calculer le nombre d'oxydation (n.o.), il faut prendre en compte une série de conditions :

- Dans un composé, la somme des n.o. de tous les atomes est nulle.
- Dans un ion, la somme des n.o. de tous les atomes est égale à la charge de l'ion.
- Certains atomes ont un n.o. fixe : H (±1), O (–2), éléments du groupe IA (+1), IIA (+2)...

Les éléments du groupe IB et l'azote sont plutôt inertes, parce que leur électroaffinité est plus petite que celle qui correspond à leur situation dans le tableau, et leur potentiel d'ionisation plus grand.

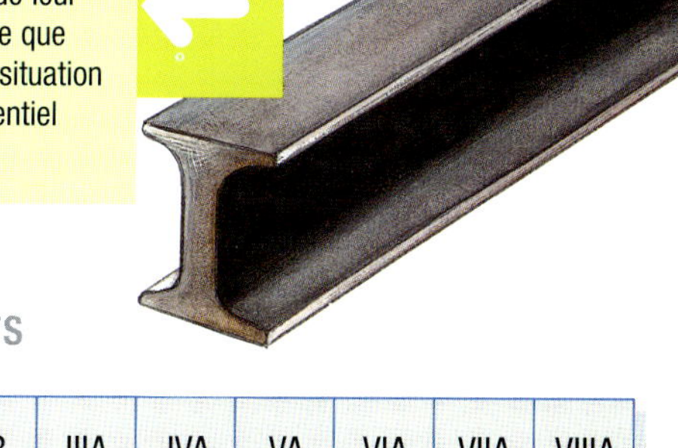

Cette poutre de construction est en fer. Le fer est l'élément 26 du tableau, et son symbole est Fe, du latin *ferrum*.

TABLEAU PÉRIODIQUE DES ÉLÉMENTS

Périodes \ Groupes	IA	IIA	IIIB	IVB	VB	VIB	VIIB	VIIIB			IB	IIB	IIIA	IVA	VA	VIA	VIIA	VIIIA
1	G 1 **H** hydrogène																	G 2 **He** hélium
2	S 3 **Li** lithium	S 4 **Be** béryllium											S 5 **B** bore	S 6 **C** carbone	G 7 **N** azote	G 8 **O** oxygène	G 9 **F** fluor	G 10 **Ne** néon
3	S 11 **Na** sodium	S 12 **Mg** magnésium											S 13 **Al** aluminium	S 14 **Si** silicium	S 15 **P** phosphore	S 16 **S** soufre	G 17 **Cl** chlore	G 18 **Ar** argon
4	S 19 **K** potassium	S 20 **Ca** calcium	S 21 **Sc** scandium	S 22 **Ti** titane	S 23 **V** vanadium	S 24 **Cr** chrome	S 25 **Mn** manganèse	S 26 **Fe** fer	S 27 **Co** cobalt	S 28 **Ni** nickel	S 29 **Cu** cuivre	S 30 **Zn** zinc	L 31 **Ga** gallium	S 32 **Ge** germanium	S 33 **As** arsenic	S 34 **Se** sélénium	L 35 **Br** brome	G 36 **Kr** krypton
5	S 37 **Rb** rubidium	S 38 **Sr** strontium	S 39 **Y** yttrium	S 40 **Zr** zirconium	S 41 **Nb** niobium	S 42 **Mo** molybdène	SYN 43 **Tc** technétium	S 44 **Ru** ruthénium	S 45 **Rh** rhodium	S 46 **Pd** palladium	S 47 **Ag** argent	S 48 **Cd** cadmium	S 49 **In** indium	S 50 **Sn** étain	S 51 **Sb** antimoine	S 52 **Te** tellure	S 53 **I** iode	G 54 **Xe** xénon
6	L 55 **Cs** césium	S 56 **Ba** baryum	S 57 **La** lanthane	S 72 **Hf** hafnium	S 73 **Ta** tantale	S 74 **W** tungstène	S 75 **Re** rhénium	S 76 **Os** osmium	S 77 **Ir** iridium	S 78 **Pt** platine	S 79 **Au** or	L 80 **Hg** mercure	S 81 **Tl** thallium	S 82 **Pb** plomb	S 83 **Bi** bismuth	S 84 **Po** polonium	S 85 **At** astate	G 86 **Rn** radon
7	L 87 **Fr** francium	S 88 **Ra** radium	S 89 **Ac** actinium	SYN 104 **Rf** rutherfordium	SYN 105 **Db** dubnium	SYN 106 **Sg** seaborgium	SYN 107 **Bh** bohrium	SYN 108 **Hs** hassium	SYN 109 **Mt** meitnérium	SYN 110 **Uun** ununnilium	SYN 111 **Uuu** unununium	SYN 112 **Uub** ununbium		SYN 114 **Uuq** ununquadium		SYN 116 **Uuh** ununhexium		SYN 118 **Uuo** ununoctium

Lanthanides	S 58 **Ce** cérium	S 59 **Pr** praséodyme	S 60 **Nd** néodyme	SYN 61 **Pm** prométhéum	S 62 **Sm** samarium	S 63 **Eu** europium	S 64 **Gd** gadolinium	S 65 **Tb** terbium	S 66 **Dy** dysprosium	S 67 **Ho** holmium	S 68 **Er** erbium	S 69 **Tm** thulium	S 70 **Yb** ytterbium	S 71 **Lu** lutécium
Actinides	S 90 **Th** thorium	S 91 **Pa** proactinium	S 92 **U** uranium	SYN 93 **Np** neptunium	SYN 94 **Pu** plutonium	SYN 95 **Am** américium	SYN 96 **Cm** curium	SYN 97 **Bk** berkélium	SYN 98 **Cf** californium	SYN 99 **Es** einsteinium	SYN 100 **Fm** fermium	SYN 101 **Md** mendélévium	SYN 102 **No** nobélium	SYN 103 **Lr** lawrencium

L = liquide
S = solide
G = gaz
SYN= synthétique

Les éléments 113, 115 et 117 ne ne sont pas encore synthétisés.

LES LIAISONS

Quand nous voyons un grand édifice, nous ne pensons pas aux forces importantes que doit supporter le béton ni aux tensions qui existent entre ses parois. Pourtant, ce bâtiment reste debout. Certaines de ces forces importantes maintiennent la cohésion de l'ensemble, tant qu'aucun élément ne vient rompre cet équilibre. Comme nous l'avons vu, les molécules sont constituées par des atomes et ces atomes, bien qu'ils soient distincts, sont unis entre eux. Les forces qui les unissent s'appellent des liaisons.

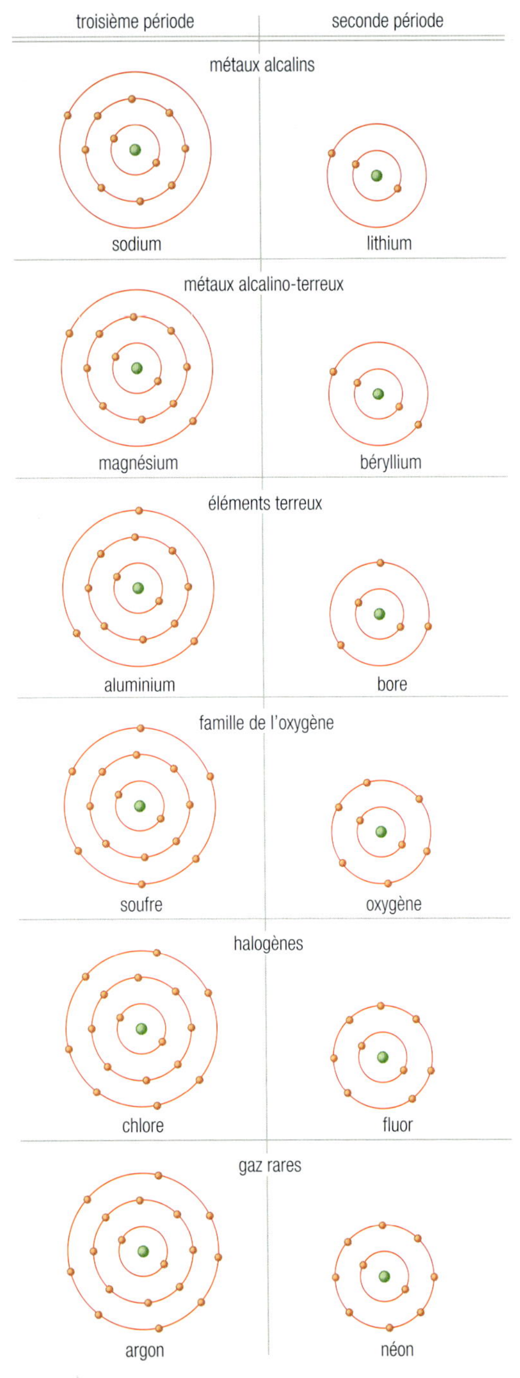

Le **fluorure de calcium** CaF_2 a deux anions fluor et un cation calcium. Ces anions fluor ont une charge négative et le calcium deux charges positives. La somme des charges d'un composé est toujours nulle.

LES LIAISONS CHIMIQUES

Les liaisons chimiques sont des forces de divers types qui maintiennent la cohésion des atomes d'une molécule. Il existe différents modèles de liaison, le plus simple et le plus facile à comprendre est celui des **électrons de valence**. Ce modèle s'appuie sur la tendance des atomes à ressembler à ceux des gaz rares. Ainsi, selon ce modèle, un atome s'unira à un autre pour que le nombre d'électrons de sa dernière couche, y compris les électrons qu'il partage avec un autre atome, soit égal à celui d'un gaz rare très proche dans le tableau périodique, soit en général huit.

LES LIAISONS IONIQUES

Le sel, utilisé en cuisine, est une substance pure, blanche et cristalline. Son nom chimique est chlorure de sodium : il se compose de chlore et de sodium. Regardons où se trouvent ces éléments dans le tableau. Le sodium (Na) fait partie du groupe IA et le chlore (Cl) du VIIA. Ils ont donc respectivement un et sept électrons sur leur dernière couche. Les gaz rares les plus proches de ces deux éléments en ont huit, sauf l'hélium. De plus, les éléments du groupe IA perdent facilement des électrons, tandis que ceux du groupe VIIA en gagnent. Si le sodium cède au chlore l'électron unique de sa dernière couche, chacun en aura huit puisque le sodium en a huit sur son avant-dernière couche. En perdant un électron négatif, le sodium aura une **charge positive** et en gagnant un électron, le chlore aura une **charge négative**. Tous deux resteront unis par la force d'attraction qui lie les charges positives et négatives.

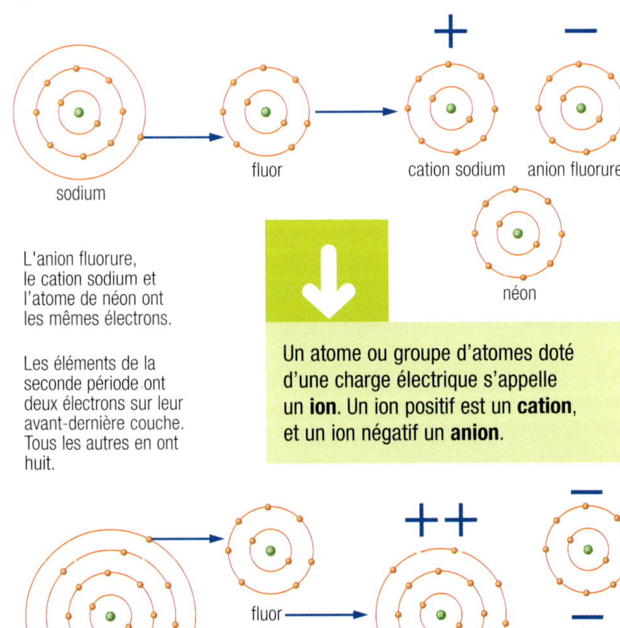

L'anion fluorure, le cation sodium et l'atome de néon ont les mêmes électrons.

Les éléments de la seconde période ont deux électrons sur leur avant-dernière couche. Tous les autres en ont huit.

Un atome ou groupe d'atomes doté d'une charge électrique s'appelle un **ion**. Un ion positif est un **cation**, et un ion négatif un **anion**.

LIAISON COVALENTE

Que se passe-t-il quand aucun des deux atomes n'a tendance à perdre des électrons ? En ce cas, tout échange est impossible. Mais nous connaissons des corps comme le chlore (Cl_2), l'oxygène (O_2), l'azote (N_2) et bien d'autres qui sont formés par deux atomes d'éléments de la droite du tableau périodique. En ce cas, on considère que pour devenir semblables aux gaz rares les éléments mettent en commun un, deux, trois ou plusieurs électrons de leur dernière couche. Ce modèle de liaison s'appelle covalente.

D'ordinaire, dans une liaison covalente, le partage des électrons n'est pas équitable. L'élément situé le plus à droite du tableau périodique retient davantage les électrons et se transforme en **pôle négatif**.

LEWIS

Selon Lewis, une liaison covalente se forme à partir du partage d'une **paire d'électrons**, un provenant de chaque atome, pour acquérir la structure d'un gaz rare.

Si la paire d'électrons partagés appartient à l'un des atomes, la liaison formée s'appelle **covalente coordonnée** ou dative.

● électron

● noyau du métal

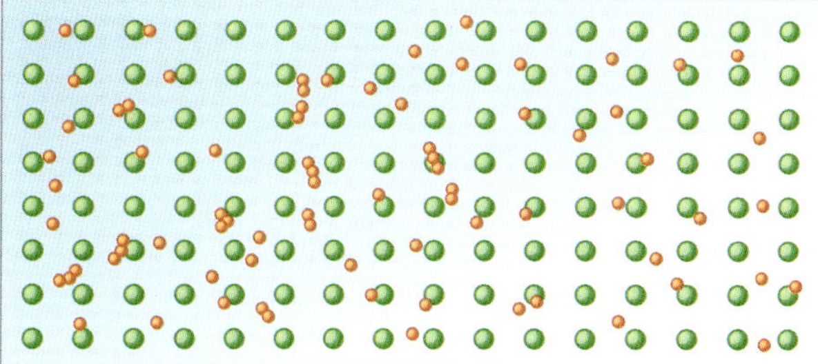

Le nuage d'électrons à l'intérieur du métal est responsable de ses propriétés les plus significatives.

LES MODÈLES DE LIAISON COVALENTE

Selon le nombre d'électrons partagés, les liaisons covalentes peuvent être :

- **Simples :** le nombre d'électrons partagés est une paire, comme c'est le cas pour le gaz fluor.
- **Doubles :** le nombre d'électrons partagés est de deux paires, comme c'est le cas pour l'oxygène.
- **Triples :** le nombre de paires d'électrons partagés est de trois. L'azote est un exemple de ce type de liaison.

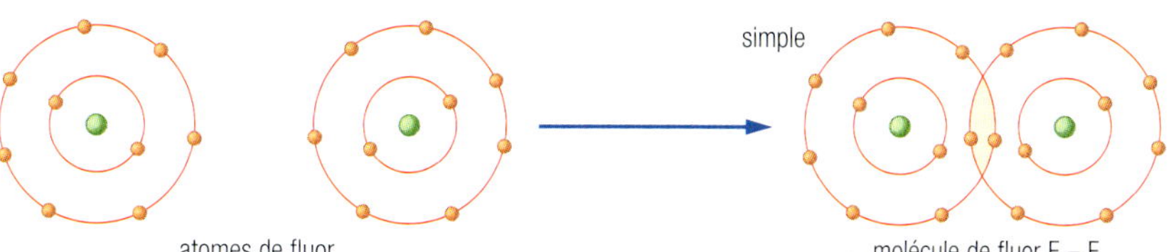

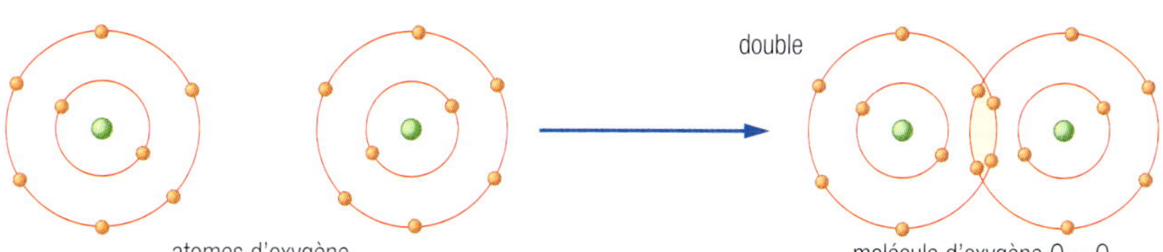

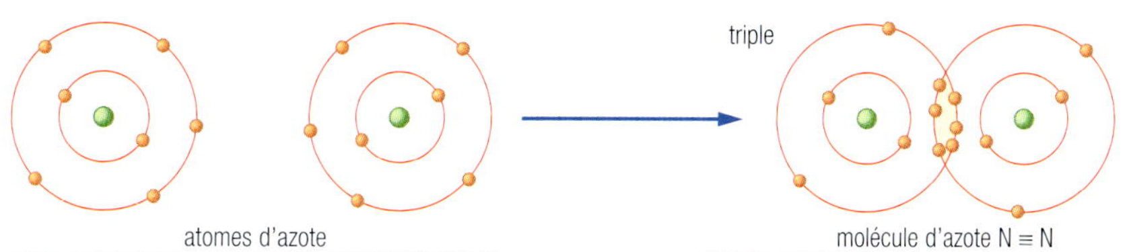

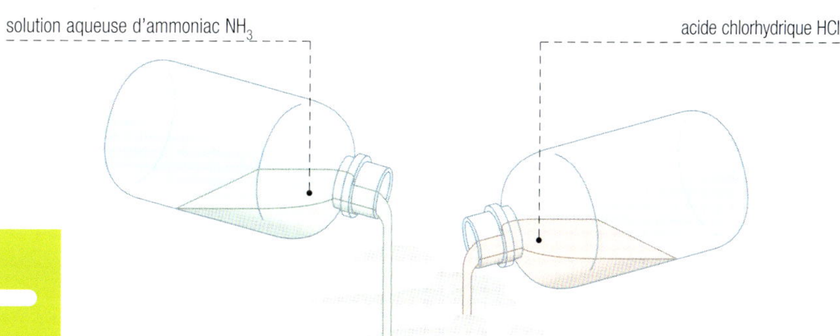

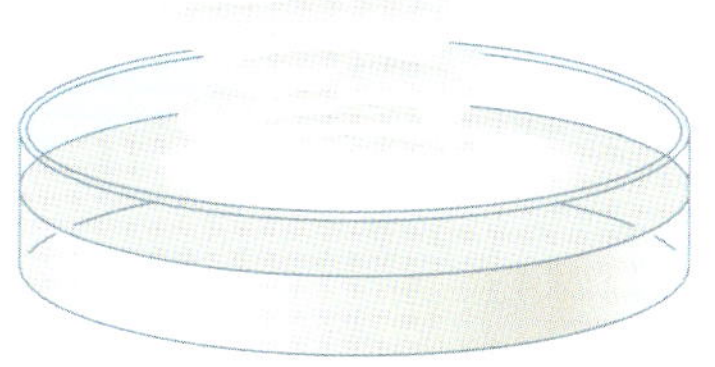

La fumée blanche de chlorure d'ammoniac provient de l'union d'un cation d'hydrogène avec l'ammoniac qui apporte les deux électrons de cette union.

LES LIAISONS MÉTALLIQUES

Si les atomes unis sont situés sur la gauche du tableau périodique, ils ont tous tendance à libérer des électrons, sans qu'aucun puisse les recevoir. Un des modèles proposés pour ce type de liaison est le suivant : pour tous les atomes, les électrons de leur dernière couche ne sont plus liés à un noyau particulier. Ils se déplacent librement et sont partagés non par les noyaux de deux atomes, comme c'est le cas dans la covalence, mais par les noyaux de tous les atomes qui constituent le solide.

LES SOLIDES

Quand on parle de liaison chimique, on a toujours l'impression que les atomes sont liés deux par deux. Or, rien n'est plus éloigné de la réalité. Certains électrons peuvent être partagés entre deux, trois et jusqu'à des millions d'atomes. Nous avons dit que le pôle sud d'un aimant attire le pôle nord d'un autre aimant. Si nous imaginons un sac plein d'aimants que nous avons secoués au préalable, comment allons-nous les trouver ? Collés deux à deux ou formant à eux tous un bloc d'un seul morceau ?

CRISTAUX IONIQUES

Quand un atome transfère des électrons de sa périphérie à un autre atome, celui-ci acquiert autant de charges négatives que d'électrons alors que celui qui a perdu des électrons a acquis une charge positive. Tous ces ions subissent des forces de répulsion ou d'attraction selon qu'ils sont du même signe que leurs voisins ou de signe contraire. Chaque ion s'entoure d'autant d'ions de signe contraire qu'il le peut, selon leur nombre et leur proportion. Par exemple : ion sodium positif et ion chlorure négatif dans un cristal de chlorure de sodium.

Les **cristaux** sont des solides de forme géométrique bien définie et caractérisée par la répartition régulière de leurs atomes, de leurs ions ou de leurs molécules.

LA STRUCTURE DU CHLORURE DE SODIUM

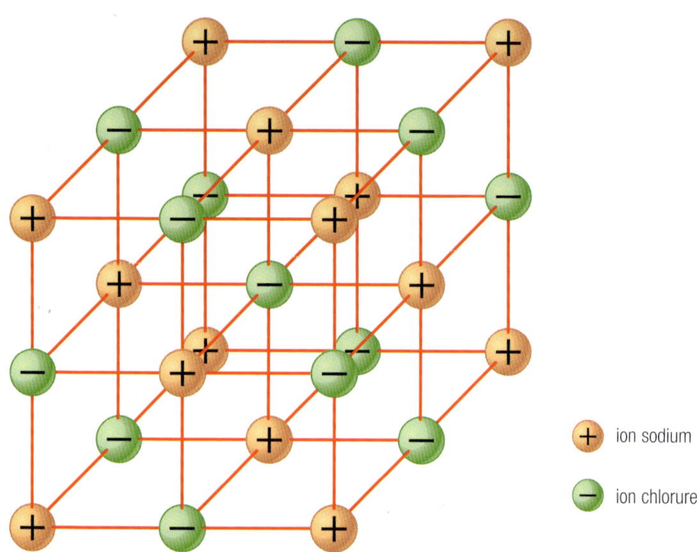

CRISTAUX COVALENTS

Certains auteurs les nomment **cristaux atomiques**. Ce type de solide est formé de réseaux à deux ou trois dimensions où tous les atomes sont unis entre eux par des **liaisons covalentes**. Ces réseaux sont extrêmement résistants et confèrent au solide des propriétés caractéristiques communes. Par exemple : diamant, silicium, germanium.

Dans les **métaux**, les électrons de valence sont partagés par tous les atomes du cristal.

LE DIAMANT

Le diamant est un **cristal covalent** constitué de carbone. Le carbone, en ce cas, forme des liaisons covalentes qui atteignent les sommets d'un tétraèdre régulier imaginaire au centre duquel se situe le carbone. Ces quatre liaisons unissent le carbone avec quatre autres atomes, qui se réunissent à trois autres atomes et ainsi de suite pour former le cristal.

Les brillants sont des cristaux de diamants taillés par un diamantaire.

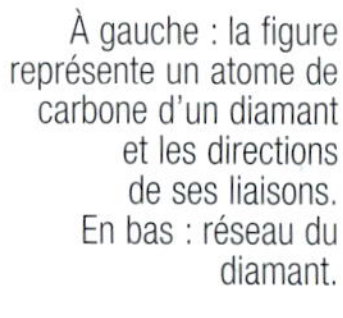

À gauche : la figure représente un atome de carbone d'un diamant et les directions de ses liaisons. En bas : réseau du diamant.

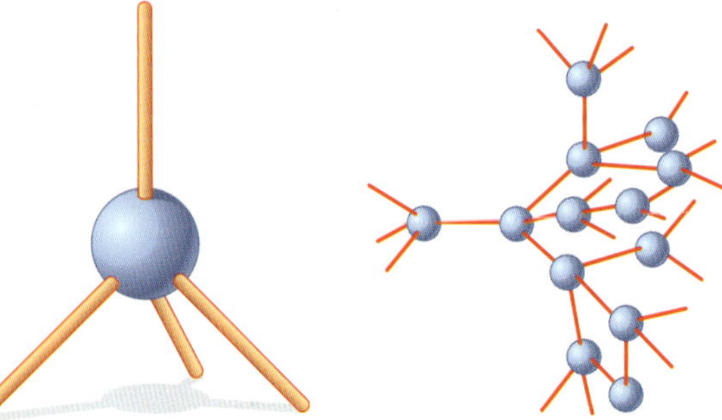

RÉSEAU DU GRAPHITE

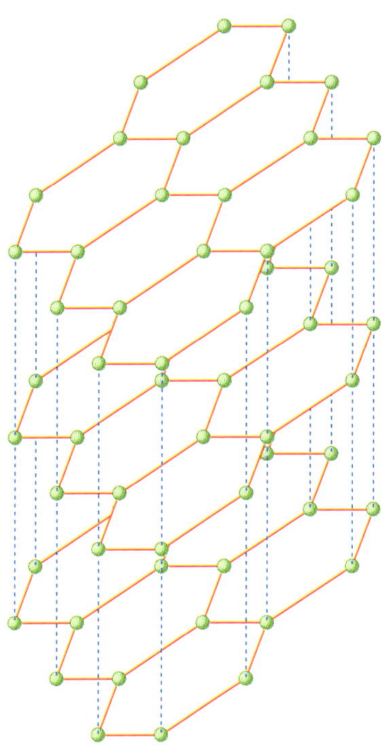

LE GRAPHITE

Le graphite, comme le diamant, est constitué de **carbone**. En ce cas, chaque atome fait partie d'un réseau plat dont les cellules ont une forme hexagonale. Ces lamelles sont unies les unes aux autres par des liaisons beaucoup plus faibles, c'est pourquoi le graphite s'effrite avec une extrême facilité.

Le graphite est conducteur de courant électrique. On l'utilise pour fabriquer des électrodes et des mines de crayon.

La **silice** SiO_2 est le cristal covalent naturel le plus abondant. Parmi les solides synthétiques les plus courants figure le **carborundum**, qui ressemble au diamant mais avec une alternance d'atomes de carbone et de silice.

Bâton de graphite pour dessiner.

Un métal est **ductile** s'il peut être étiré et **malléable** s'il peut être façonné en feuilles. Certains métaux, comme le sodium, sont si mous qu'on peut les couper avec un canif.

Le sodium est un métal alcalin très abondant dans la nature à l'état de chlorure. Parmi ses nombreuses utilisations, il sert à blanchir les tissus ou le papier photographique.

PROPRIÉTÉS

Les propriétés des cristaux ne sont pas généralisables, mais on pourrait dire de façon approximative :

CRISTAUX	température de fusion	dureté	ductiles et malléables	conductibilité à l'état solide	 fondu	 en solution
ioniques	basse-moyenne	basse	non	non	oui	oui
covalents	très haute	très haute	non	non	non	non
métalliques	moyenne-haute	moyenne-haute	oui	oui	oui	oui

LES POLYMÈRES

On appelle polymères les **corps organiques** (composées de carbone et d'hydrogène) qui se forment par union de deux ou plusieurs corps identiques et plus simples appelés **monomères**. Il existe des polymères **naturels** comme la cellulose, l'amidon, le glycogène et le caoutchouc naturel. D'autres sont **synthétiques**, comme les plastiques, les caoutchoucs artificiels, le Téflon, les silicones, le polyester et le Nylon, entre autres.

Les objets très flexibles se fabriquent avec du caoutchouc naturel dont le monomère est l'isoprène.

Le Téflon a été inventé comme lubrifiant des vaisseaux spatiaux, qui ne supportent pas l'huile, pour diminuer les frottements.

LES MÉLANGES

Nous constatons, autour de nous, que certains objets sont constitués de matériaux qui sont des substances pures, mais que la plupart sont faits de mélanges homogènes ou non. Les briques, les vitres, les panneaux des meubles, le tissu des vêtements sont tous des mélanges. Et il en va de même de ce que nous buvons, mangeons ou utilisons. Même notre eau de boisson n'est pas pure : elle contient des sels minéraux et des gaz.

QU'EST-CE QU'UNE SOLUTION ?

Une solution est un **mélange homogène** obtenu par dispersion d'un ou plusieurs corps appelés **solutés**, dans une autre substance appelée **solvant.** Pour une solution donnée, nous pouvons savoir quel est le solvant parmi les corps qui la composent, en observant leur état physique. Le solvant a toujours le même état que la solution. Dans le cas où deux ou plusieurs corps partagent cet état, le solvant sera celui qui constitue la proportion essentielle de la masse.

Si, dans une cellule, la concentration de sels est moindre que celle dans le milieu extérieur, l'eau sort (à gauche) ; si, au contraire, elle est plus grande, l'eau entre (à droite).

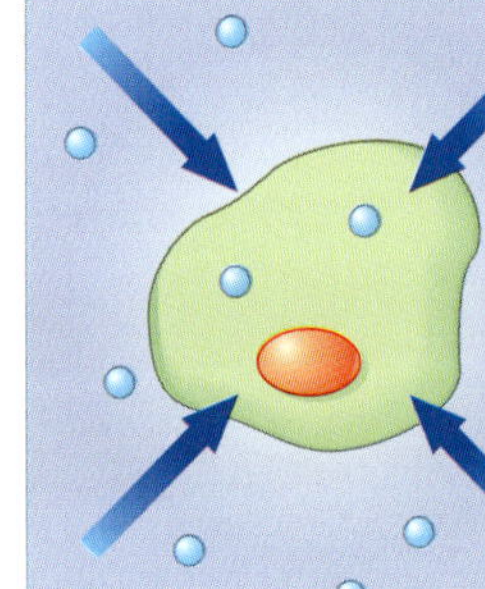

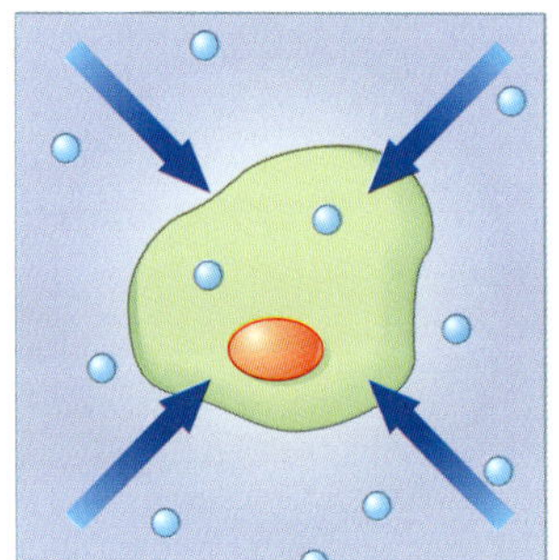

Il suffit de jeter un coup d'œil à l'étiquette d'une bouteille d'eau minérale pour constater qu'elle contient de nombreux sels dissous.

CONCENTRATION

La concentration est la proportion qui existe entre la quantité de soluté et la quantité de solution ou de solvant.

L'alcool vendu dans les pharmacies ou les supermarchés est une solution d'eau dans de l'alcool.

On appelle **solubilité** la concentration des solutions saturées.

L'eau de mer est liquide, mais contient des solides : chlorures de sodium et de potassium, carbonates et nitrates ; et des gaz : oxygène respiré par les poissons.

TYPES DE SOLUTIONS

Les solutions peuvent se définir selon de nombreux critères :

- Par leur **concentration** : elles sont diluées si la quantité de soluté est très inférieure à celle de solvant ; concentrées si les quantités de soluté et de solvant sont du même ordre ; et saturées si le solvant ne peut dissoudre davantage de soluté.
- Par leur **état physique** : solide, liquide ou gazeux. Il faut considérer que l'état d'une solution est uniquement dû à l'état du solvant. L'état des autres composants peut être variable.
- Par leur **conductibilité électrique** : elles sont conductrices ou non. Dans les solutions conductrices aqueuses (où l'eau est le solvant), on dira que le soluté est un **électrolyte**, car il va perdre ses ions. Dans les solutions non-conductrices, le soluté est sous forme moléculaire.

LES PROPRIÉTÉS DES SOLUTIONS

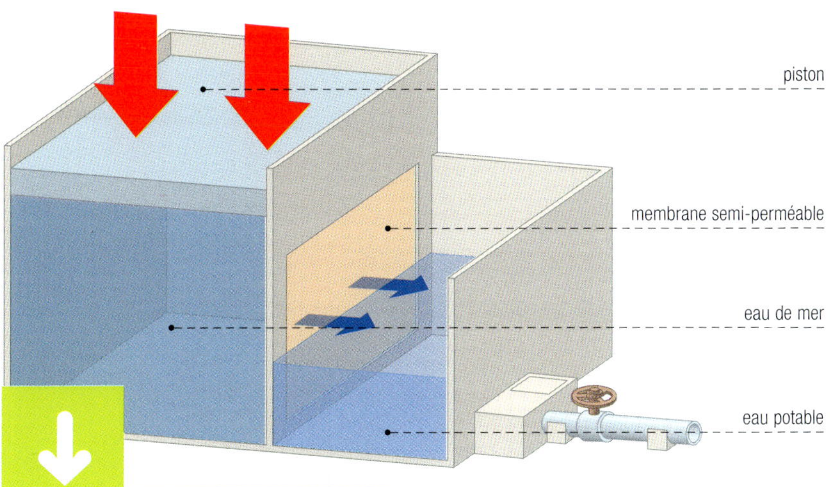

Aujourd'hui, on obtient de l'eau potable en faisant passer de l'eau de mer à travers une membrane semi-perméable.

Nos ancêtres ajoutaient du bicarbonate à l'eau pour favoriser la cuisson des pois chiches.

Les propriétés des solutions diffèrent de celles du solvant pur ; cette différence dépend, dans la majorité des cas, de la **quantité de soluté**. Voyons quelques-unes de ces propriétés :

- **Augmentation de l'ébullioscopie :** l'addition d'une substance non volatile fait augmenter la température d'ébullition du solvant.
- **Baisse cryoscopique :** l'addition d'un soluté non volatil fait diminuer la température de solidification du solvant.
- **Pression osmotique :** on appelle **osmose** le passage d'un solvant à travers une membrane semi-perméable. Une **membrane semi-perméable** laisse passer le solvant sans laisser passer le soluté, parce que ses pores sont très petits. Si nous avons deux solutions de concentration différente et séparées par une membrane semi-perméable, le solvant va passer de la plus diluée à la plus concentrée.

VARIATION DE LA SOLUBILITÉ

La solubilité des solides et des liquides **augmente avec la température**, bien que cette augmentation soit très variable d'une substance à l'autre. Ainsi, quand la température de l'eau passe de 20 à 80 °C, la quantité de sel que dissout 100 g d'eau passe de 38 à 40 g, et celle de sucre passe de 45 à 200 g. Les gaz ont une solubilité qui diminue avec la température. La solubilité des solides et des liquides varie très peu avec la pression, tandis que celle des gaz augmente.

L'eau passe dans les cellules des êtres vivants par osmose.

NON VOLATIL

On dit qu'un soluté est non volatil quand sa température d'ébullition est très supérieure à celle du solvant.

On met du sel sur les routes verglacées pour faire fondre la neige et on utilise de l'antigel dans l'eau de réfrigération des automobiles.

La vapeur d'eau de l'air (humidité) se dépose sur les points les plus froids d'une pièce et forme de la buée sur les vitres.

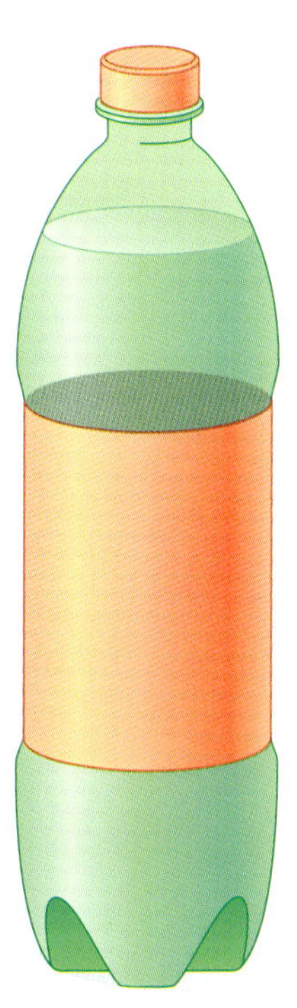

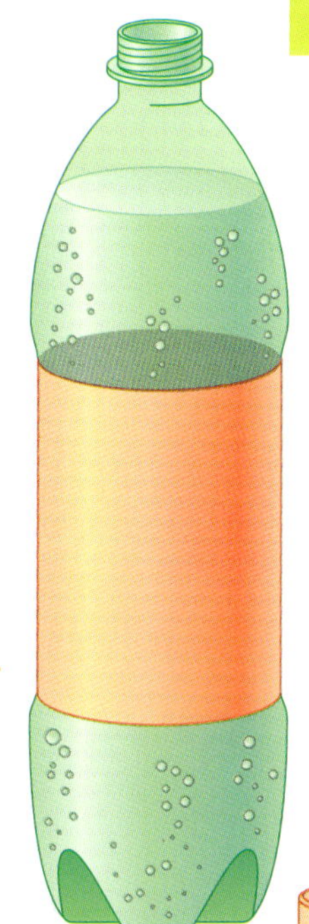

En débouchant une bouteille de boisson gazeuse, la pression diminue et des bulles du gaz libéré apparaissent. Si la boisson est chaude, ce phénomène est plus intense.

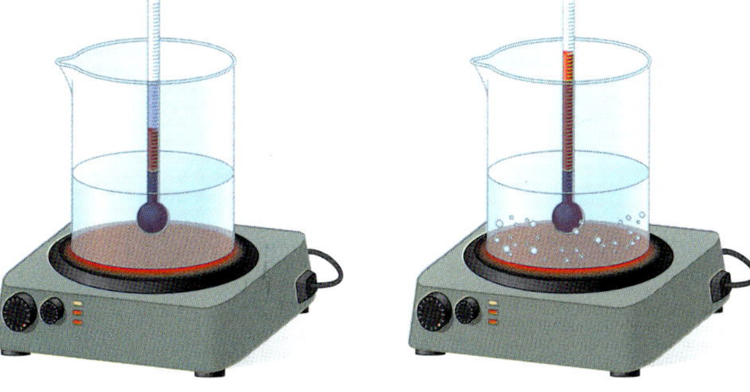

Vers 50 °C, la solubilité des gaz diminue et des bulles d'oxygène dissous dans l'eau apparaissent dans ce liquide.

La bière titre d'ordinaire entre 4,5 et 6 % vol.

LES DIFFÉRENTES CONCENTRATIONS

Pour exprimer la concentration, on utilise un quotient dont le numérateur représente la quantité de soluté et le dénominateur la quantité de solution ou de solvant. Les plus utilisées sont :

- Le **pourcentage en masse** :
  $$\% \text{ masse} = \frac{\text{masse de soluté}}{\text{masse de solution}} \cdot 100\ ;$$
  La masse de la solution est la somme des masses du soluté et du solvant.
- Le **pourcentage en volume** : seulement applicable aux solutions gazeuses et de façon approximative aux solutions liquides ; pour les boissons alcoolisées, il s'exprime en :
  $$\textbf{\% vol} = \frac{\text{vol. de soluté}}{\text{vol. de solution}} \cdot 100.$$
- La masse de soluté, exprimée en grammes par litre de solution.
- La **molarité** : nombre de moles de soluté par litre de solution.
- Dans le SI, l'unité est le nombre de moles par m^3 de solution, mais il est très peu utilisé.

Pour des exemples très concrets, on peut utiliser des unités très diverses : grammes / 100 cm^3 d'eau, parties par million, etc.

NOMBRE DE MOLES

Le nombre de moles se calcule en divisant la masse du soluté en grammes par sa masse molaire.

Les particules solides en suspension troublent l'eau des rivières.

LES SUSPENSIONS

L'eau d'une rivière est souvent trouble. Recueillie dans un verre, elle manque de transparence. Mais en la laissant reposer, les solides se déposeront, peu à peu, au fond. Une suspension est la dispersion d'un solide au sein d'un liquide, mais les particules de ce solide sont de plus grande taille que celles du soluté d'une solution.

Après un moment de repos, l'eau trouble redevient transparente : les particules en suspension se déposent au fond et forment un sédiment.

LES GELS

On appelle gel le mélange d'un solide et d'un liquide, de telle façon que le liquide acquière, au sein du solide, une texture gélatineuse. On peut en citer plusieurs exemples : de nombreux desserts (flan, gelée, pudding), les produits cosmétiques ou capillaires, les détergents industriels ou domestiques, ainsi que de nombreuses crèmes solaires.

Les suspensions – comme les aérosols – sont parfois transparentes, mais la lumière en les traversant se reflète sur leurs particules et les rend visibles.

Un flan est un gel, alors que la crème qui le décore souvent est une émulsion.

Les crèmes glacées sont des émulsions d'eau avec des graisses végétales et animales, des édulcorants et des conservateurs.

LES ÉMULSIONS

Une émulsion est un mélange hétérogène de deux **liquides non miscibles**, comme l'eau et l'huile, l'un des liquides (l'huile) étant dispersé dans l'autre (l'eau) à l'état de gouttes très fines. La vie d'une émulsion est courte : peu à peu, les petites gouttes du liquide dispersé se réunissent pour former des gouttes de taille supérieure et se séparent du liquide dispersant, à cause de leur densité. Pour augmenter la durée de vie d'une émulsion, on lui ajoute une substance appelée **émulsifiant** afin que les gouttes de la substance dispersée ne puissent pas se réunir. Le **lait** est une émulsion, c'est pourquoi les matières grasses et les protéines se séparent du sérum lorsqu'il tourne.

LES MOUSSES

Nous savons tous reconnaître des mousses quand nous en voyons, mais il est un peu plus difficile de les définir. Une mousse est un **gaz retenu par un liquide** grâce à la **tension superficielle**. Quand nous parlons de mousse, nous pensons aux boissons gazeuses, comme les vins effervescents, la bière, les sodas ou l'eau savonneuse. Mais il existe aussi des mousses **naturelles**, comme celles qui se forment dans les cascades des rivières, et des mousses **solides** comme la pierre ponce.

LES AÉROSOLS

Un aérosol est la dispersion ou la suspension de particules très fines d'un liquide en solution ou d'un solide dans un gaz. La fumée est un aérosol formé de particules de carbone suspendues dans l'air. Le brouillard est un aérosol formé de petites gouttes d'eau suspendues dans l'air.

Les détergents diminuent la tension superficielle de l'eau et facilitent la formation de mousse.

Les cheminées des grandes usines sont pourvues de grilles électrifiées pour rompre l'aérosol et empêcher les solides de sortir dans l'air.

De nombreux produits, (laques, parfums, insecticides, etc.) d'usage domestique ou industriel sont appelés aérosols, car la substance est extraite de son récipient grâce à un gaz propulseur qui lui confère cet état.

LES COMPOSÉS MINÉRAUX

Les corps minéraux sont les constituants du monde minéral ; ils sont rares chez les êtres vivants. L'oxygène et le silicium sont les éléments les plus abondants du monde minéral. L'homme a appris à extraire de la terre les substances qui l'intéressaient, à les séparer de celles qui ne présentaient pas d'intérêt ou qui en avaient isolément. Il a même réussi à fabriquer des corps qui n'existent pas dans la nature. Pour faciliter leur étude, ces corps ont été regroupés en fonction de leur formule et de propriétés similaires.

LES OXYDES

Les oxydes sont une combinaison d'un élément et de l'**oxygène**. Leurs formules sont de deux types : A_2O_x et AO_y. A est le symbole de l'élément et, si son indice est 2, *x* est le nombre d'oxydation de A. Si A n'a pas d'indice, cela sous-entend que cet indice est 1, et en ce cas *y* est la moitié du nombre d'oxydation de A. Tout le monde connaît deux oxydes aux propriétés très différentes : l'**oxyde de fer**, noir, rougeâtre ou jaunâtre ; et l'**oxyde de carbone** que nous exhalons en respirant, gaz présent dans les combustions et les boissons gazeuses.

Une pomme et les aliments en général contiennent de très petites quantités de corps minéraux.

Le fer de la boîte d'ananas semble s'oxyder plus facilement que l'aluminium de l'ustensile de cuisine. En réalité, l'aluminium s'oxyde beaucoup, mais son oxyde forme une sorte de film gris.

60 % du **dioxyde de carbone**, responsable en grande partie de l'effet de serre, est produit par l'homme. La nature n'en produit que les 40 % restants.

LES CATÉGORIES D'OXYDES

Les oxydes peuvent être métalliques ou non métalliques :

- Les **oxydes métalliques** se forment par action directe de l'oxygène sur un métal ou par décomposition des sels de ce métal. L'oxydation de certains métaux, comme le sodium, est violente et peut produire des flammes ; celle d'autres métaux, comme le fer, est lente ; et les métaux précieux, comme l'or ou le platine, ne s'oxydent pas.
- Les **oxydes des non-métaux** peuvent s'obtenir aussi par action directe de l'oxygène sur le non-métal ou par décomposition de sels ou d'acides. Ce sont en général des gaz, bien que l'un d'eux soit la silice, un des solides les plus durs et dont le point de fusion est élevé.

La liaison d'un **métal** avec l'oxygène est **ionique** et celle d'un **non-métal** avec l'oxygène est **covalente**.

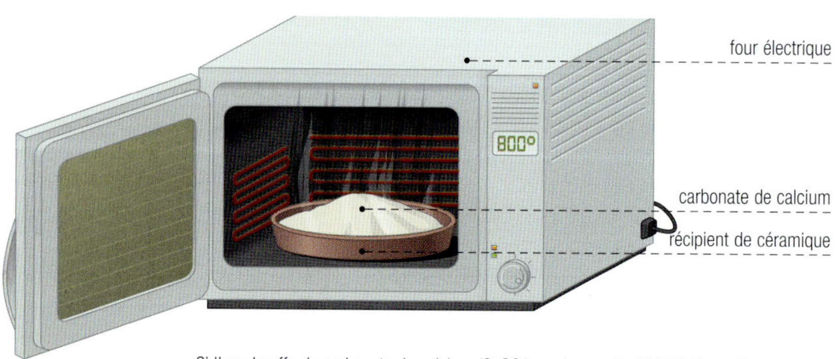

Si l'on chauffe du carbonate de calcium ($CaCO_3$) au-dessus de 800 °C, il se décompose en deux oxydes : l'un métallique (CaO) et l'autre non (gaz CO_2).

L'hydroxyde de sodium, NaOH, peut s'obtenir par la réaction très violente du sodium métallique avec de l'eau. L'hydrogène qui se dégage brûle vivement au contact de l'air.

LES HYDROXYDES

Ils se forment par réaction d'un oxyde métallique avec l'eau. Leur formule comporte toujours le groupement (OH) : $M(OH)_x$ où M est le symbole du métal et x le nombre d'oxydation du métal. Si x est égal à un, il ne se note pas et on n'utilise pas de parenthèses. Nous verrons plus loin que les hydroxydes ont un caractère basique. Le terme « hydroxyde de » est suivi du nom du métal, puis de son nombre d'oxydation écrit entre parenthèses et en chiffres romains : $Zn(OH)_2$, hydroxyde de zinc (II).

LE NOM DES OXYDES

Les oxydes métalliques sont désignés par « oxyde de », suivis du nom du métal, puis du nombre d'oxydation du métal écrit entre parenthèses et en chiffres romains : Fe_2O_3, oxyde de fer (III) ; CuO, oxyde de cuivre (II). Si l'indice du métal est de un, on ne l'indique pas.Les oxydes non métalliques se désignent par un nom composé d'un préfixe numérique suivi du mot oxyde (dioxyde) et d'un autre nom composé d'un préfixe numérique suivi du nom du non-métal : Cl_2O_5, pentoxyde de dichlore.

LES ACIDES

En ajoutant de l'eau à certains oxydes de non-métal, la réaction chimique produit un acide. La formule de la plupart des acides est du type H_xAO_y. Le terme d'acide peut évoquer des précautions, et même de la peur. Les précautions sont justifiées, mais il faut le savoir : si certains acides sont dangereux, comme l'acide sulfurique H_2SO_4, ou l'acide nitrique NHO_3, nous en ingérons d'autres sans problèmes, comme l'acide acétique dilué que nous appelons vinaigre, ou l'acide citrique des oranges, des pamplemousses ou du citron, ou l'acide acétylsalicylique, qui est de l'aspirine.

Il y a divers types d'acide : le vinaigre est de l'acide acétique, les oranges et les citrons contiennent de l'acide citrique, d'où le nom de leur genre *Citrus*, et la populaire aspirine est de l'acide acétylsalicylique.

L'acide borique dilué H_3BO_3 permet de nettoyer et de désinfecter les yeux.

Les **hydracides** ne comportent pas d'oxygène. On les nomme en ajoutant « - hydrique » au nom du non-métal : HCl, acide chlorhydrique ; HF acide fluorhydrique.

LES SELS

On les obtient en remplaçant les atomes d'hydrogène d'un acide par un métal, ou par réaction d'un acide avec un hydroxyde ou un oxyde ; la réaction produit en même temps de l'eau. Tous les sels sont solides à température ambiante. Ils font partie de la plupart des minéraux qu'on trouve sur Terre.

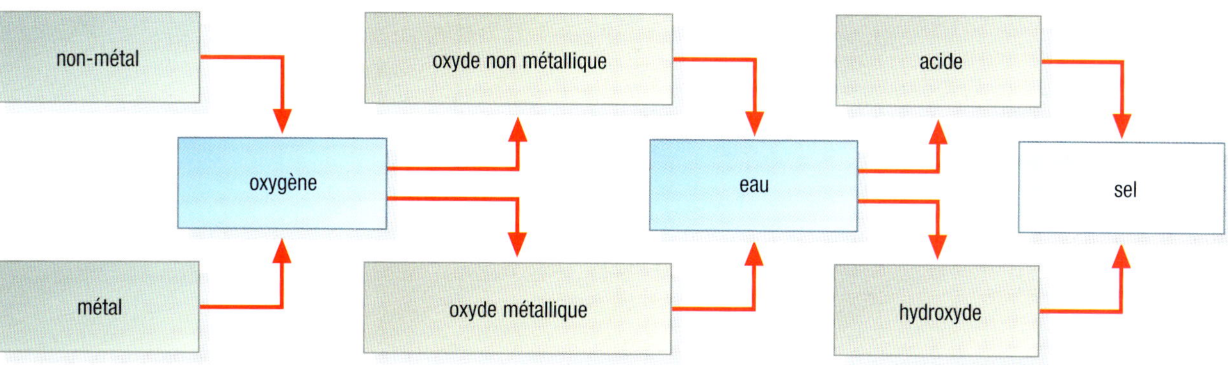

Le comportement de certains éléments, comme l'aluminium, est ambigu : leurs oxydes sont soit acides soit basiques selon qu'ils sont en présence d'une substance plus ou moins acide qu'eux.

Tous les oxydes ne réagissent pas avec l'eau. Certains, comme NO_2 ou Cr_2O_3, ne sont pas solubles.

LES COMPOSÉS DU CARBONE

Les composés du carbone forment une famille chimique si grande qu'ils méritent qu'une catégorie spécifique leur soit consacrée. Leur étude s'appelle **chimie organique**, ou chimie du vivant parce que, dans la plupart des cas, ils sont des constituants des êtres vivants ou ils ont pour origine des êtres vivants. Même les combustibles fossiles, comme le charbon ou le pétrole, proviennent d'organismes morts. La chimie organique classe aussi les substances d'après leurs propriétés et la ressemblance de leur formule.

Le pétrole (ici une plate-forme pétrolière du golfe Persique), composé de carbone, est un combustible fossile.

HYDROCARBURES

La chaîne des hydrocarbures est la plus simple. Leurs molécules ne sont formées que d'atomes de carbone et d'hydrogène unis par des **liaisons covalentes**. Si toutes leurs liaisons sont **simples**, on dit qu'ils sont **saturés** et ils forment le groupe des **alcanes**. Ceux comprenant une ou plusieurs **liaisons doubles** sont **insaturés** et forment le groupe des **alcènes** ; avec des **liaisons triples**, ils sont **insaturés** et forment le groupe des **alcynes**.

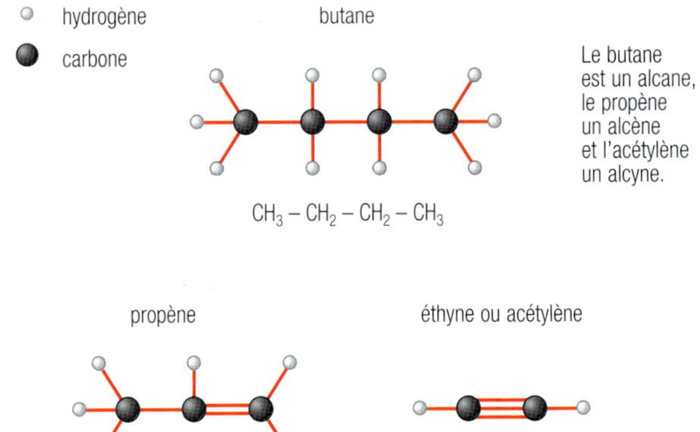

LES CHAÎNES DE CARBONES

Le carbone, élément numéro six du tableau périodique, a une propriété que seuls partagent, mais avec une intensité moindre, le bore et le silicium. Cette propriété est la faculté de se lier avec d'autres atomes de leur espèce et de former des **chaînes linéaires**, **ramifiées** et même **cycliques**. La longueur de la chaîne fournit au composé organique la majeure partie de ses propriétés physiques : température de fusion, température d'ébullition, densité, etc.

TYPES DE CHAÎNES DE CARBONES

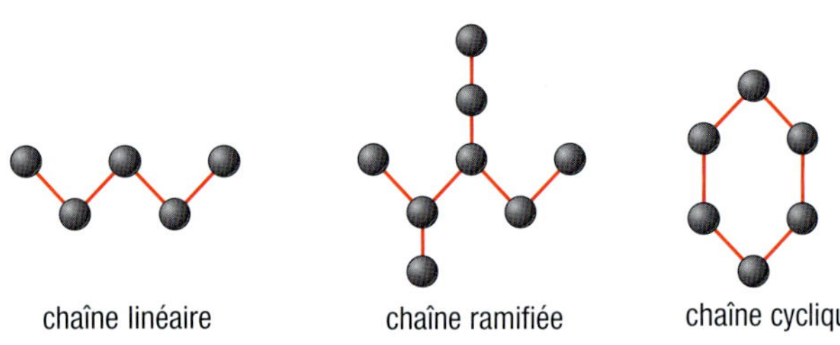

GROUPES FONCTIONNELS

Les propriétés chimiques des composés organiques proviennent d'un nombre réduit d'atomes qui forment un **groupe fonctionnel**. Deux composés avec les mêmes atomes dans les mêmes quantités, mais groupés différemment, forment des groupes fonctionnels différents avec des propriétés physiques comparables, mais des propriétés chimiques distinctes qui définissent chacun de leur groupe fonctionnel.

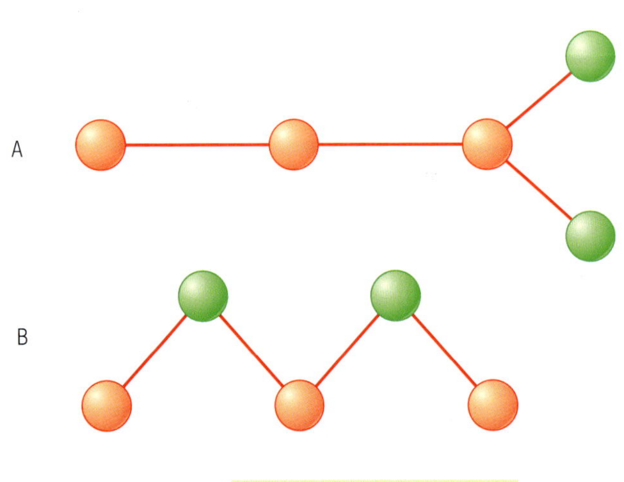

Les composés A et B auront des propriétés physiques similaires, puisqu'ils ont les mêmes atomes ; pourtant, ce sont des composés différents.

Quand deux composés ont les mêmes atomes, mais des propriétés différentes, on les appelle des **isomères**.

LA NOMENCLATURE DES COMPOSÉS ORGANIQUES

Les hydrocarbures sont désignés par un préfixe lié à la longueur de la chaîne et un suffixe qui dépend du type de liaison. S'ils ont une liaison double ou triple, ils comporteront un nombre pour l'indiquer :

nombre d'atomes de C	préfixe
1	met-
2	et-
3	prop-
4	but-
5	pent-
…	…

type d'hydrocarbure	suffixe	exemple de formule	exemple de nom
alcane	-ane	$CH_3–CH_2–CH_3$	propane
alcène	-ène	$CH_2=CH–CH_2–CH_3$	1-butène
alcyne	-yne	$CH_3–C≡C–CH_2–CH_3$	2-pentyne

On appelle aussi les alcènes hydrocarbures **éthyléniques** et les alcynes hydrocarbures **acétyléniques**.

LES COMPOSÉS CONTENANT DE L'OXYGÈNE

Les hydrocarbures produisent, par **substitution** ou par **addition**, divers composés contenant, outre du carbone et de l'hydrogène, de l'oxygène :

- Les **alcools**. Ces composés peuvent être considérés comme des hydrocarbures avec substitution d'un atome d'hydrogène par un groupe hydroxyle (–OH). Dans leur nom, le suffixe de l'hydrocarbure est remplacé par le **suffixe –ol**, caractéristique des alcools.
- Les **aldéhydes**. Lors de l'oxydation d'un alcool qui possède le groupe (–OH) à l'extrémité de sa chaîne, il se forme un aldéhyde dont le groupe fonctionnel est le groupe carbonyle (–CHO). Dans le nom des aldéhydes, le suffixe de l'alcool est remplacé par le **suffixe –al**.
- Les **cétones**. Si le groupe (–OH) est situé sur un atome de carbone uni à des groupes de deux atomes de carbone, il produit en s'oxydant une cétone. Les cétones appartiennent aussi au groupe des carbonyles. Elles ont le même nom que les aldéhydes, mais avec le **suffixe –one**.
- Les **acides**. Quand un aldéhyde s'oxyde, il se forme un acide carboxylique, appelé ainsi parce que ces acides font partie du groupe carboxyle ($–CO_2H$).

L'éthanol ou alcool éthylique est l'alcool contenu dans le vin.

alcool éthylique

éthanol $CH_3 – CH_2OH$

hydrogène
carbone
oxygène

Les **éthers** s'obtiennent par combinaison de deux alcools et les **esters** par réaction entre un alcool et un acide.

Le **méthanal**, ou formol, sert à conserver des insectes et de petits animaux.

LES COMPOSÉS AZOTÉS

L'**ammoniac**, composé minéral de formule NH_3, par réaction avec les composés organiques, produit des composés qui, outre du carbone et de l'hydrogène, contiennent de l'azote. Si on substitue à un atome d'hydrogène d'un hydrocarbure un groupe **aminé** (NH_2) provenant de l'ammoniac, on obtient une **amine**. Si le groupe (NH_2) remplace le groupe (–OH) du groupe carboxyle d'un acide, on obtient un **amide**.

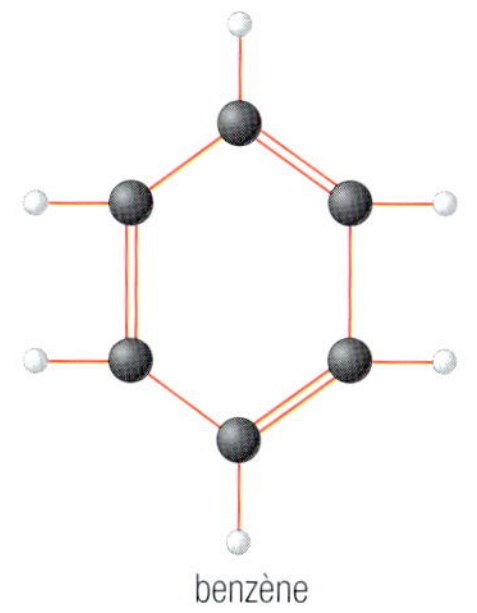

benzène

Le **benzène** est un hydrocarbure cyclique C_6H_6. Ses dérivés sont très abondants dans la nature. Ils forment les composés appelés **aromatiques**.

Le vinaigre est une solution d'acide éthanoïque, appelé aussi acide acétique, obtenue à partir de l'éthanol du vin ou de fruits (pommes, poire, melon, etc.).

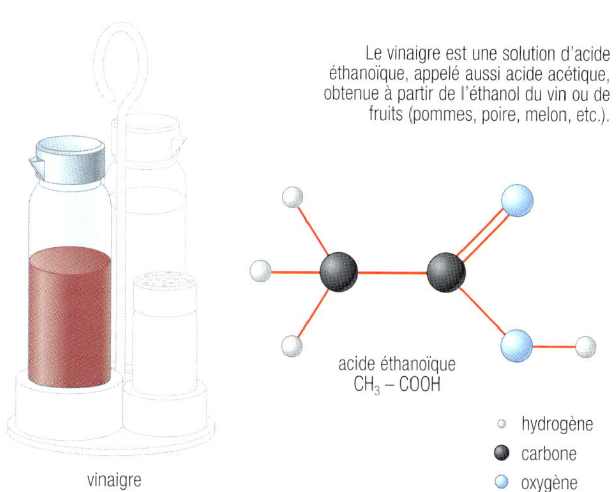

vinaigre

LA CHIMIE DU VIVANT

Il n'est pas exagéré de dire que la nature, vivante ou inerte, se comporte comme un grand laboratoire physico-chimique. Pensons à la dérive des continents, à l'évaporation de l'eau et à la pluie, aux transformations qui existent à haute pression dans les couches profondes… Les êtres vivants, végétaux et animaux, sont le siège de phénomènes physiques : forces, leviers, mouvements… et chimiques. Dans chaque organisme et à chaque instant, des milliards de réactions chimiques se produisent ; leur structure et leur énergie proviennent de substances chimiques.

LES HYDRATES DE CARBONE

Les hydrates de carbone, appelés aussi **glucides** à cause de la saveur sucrée de certains, sont composés de carbone, d'hydrogène et d'oxygène, ces deux derniers éléments étant dans la même proportion que dans l'eau, c'est-à-dire deux atomes d'hydrogène pour un d'oxygène. Parmi les glucides, on trouve les sucres les plus connus comme le **glucose** ou le **saccharose** qu'on utilise pour sucrer les aliments. Les glucides peuvent être **monosaccharides** ou **polysaccharides**. Les polysaccharides sont formés par l'union de deux ou de plusieurs monosaccharides.

La pomme de terre est le tubercule d'une plante. Elle est très riche en amidon.

Si le papier était recyclé, on pourrait ralentir la disparition des forêts et, avec elle, le changement de climat.

Le sucre de table, qu'on appelle saccharose, est un disaccharide obtenu par l'union du glucose et du fructose.

L'oxydation du glucose lors de la **respiration** cellulaire des animaux produit l'énergie nécessaire pour leurs multiples activités.

LES POLYSACCHARIDES

Les polysaccharides les plus importants pour les êtres vivants sont :

- L'**amidon**. Sa molécule géante est formée par des centaines de molécules de glucose. Quand ce sucre est en excès dans un organisme, celui-ci le stocke. Quand c'est nécessaire, il rompt la molécule de glucose grâce à une réaction d'hydrolyse. L'amidon constitue la réserve énergétique des végétaux.
- Le **glycogène**. Il est très proche de l'amidon, mais il se trouve chez les animaux.
- La **chitine**. C'est un dérivé des polysaccharides qui comporte de l'azote. C'est le principal constituant du squelette externe des arthropodes comme les sauterelles.
- La **cellulose**. C'est aussi un polysaccharide du glucose. Elle diffère de l'amidon par ses molécules linéaires, grandes et rigides. C'est le composant le plus important des cellules végétales.

LA FORMATION DES HYDRATES DE CARBONE

Les plantes vertes sont responsables de la formation des hydrates de carbone par la réaction appelée **photosynthèse** et dont l'équation simplifiée est : $CO_2 + H_2O +$ lumière $\rightarrow$ hydrate de carbone $+ O_2$.
Le dioxyde de carbone provient de l'air, de l'eau du sol puisée par les racines et de la lumière du Soleil.

La cellulose extraite du bois des arbres sert à fabriquer du papier.

CO_2

lumière

H_2O

Photosynthèse d'une plante.

Le déversement de pétrole dans la mer est responsable en grande partie de l'accumulation de CO_2 dans l'atmosphère : il empêche la photosynthèse des algues vertes.

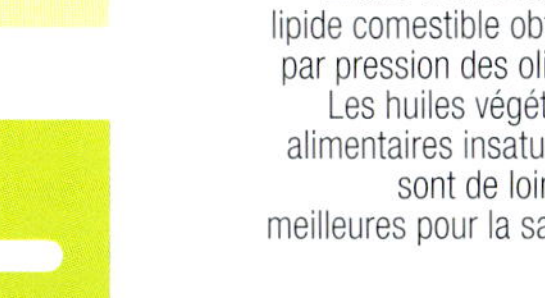

L'acide gras des graisses et des huiles a parfois des liaisons simples (**graisses animales**), mais aussi des doubles ou des triples (**graisses végétales**).

LES LIPIDES

Les lipides sont les matériaux de réserve énergétique des animaux et des plantes. Ceux-ci les utilisent quand ils ont épuisé leurs stocks de polysaccharides. Les lipides sont les **graisses**, les **huiles**, les **cires** et les **stéroïdes**. Les graisses sont les esters formés par combinaison chimique entre un acide gras, ayant de 17 à 15 atomes de carbone, et la glycérine (glycérol). Les huiles sont des graisses à l'état liquide, à température ambiante. Les cires peuvent être d'origine animale ou végétale. Elles sont constituées par un alcool et un acide gras très complexe. Les stéroïdes sont des lipides pourvus de quatre anneaux organiques ; le **cholestérol** est un stéroïde.

L'huile d'olive est un lipide comestible obtenu par pression des olives. Les huiles végétales alimentaires insaturées sont de loin les meilleures pour la santé.

LES PROTÉINES

Les protéines résultent de l'union de substances chimiques appelées **aminoacides**. Elles contiennent, en plus du carbone, de l'hydrogène et de l'oxygène, de l'azote et d'autres éléments comme le fer, le chrome, le soufre, etc. Les propriétés des protéines dépendent des aminoacides qui les forment et de leurs positions relatives. Elles constituent les **fibres musculaires**, les catalyseurs biologiques (**enzymes**), le sang (**hémoglobine**) et le **matériel génétique** qui transmet les caractéristiques d'un individu à sa descendance.

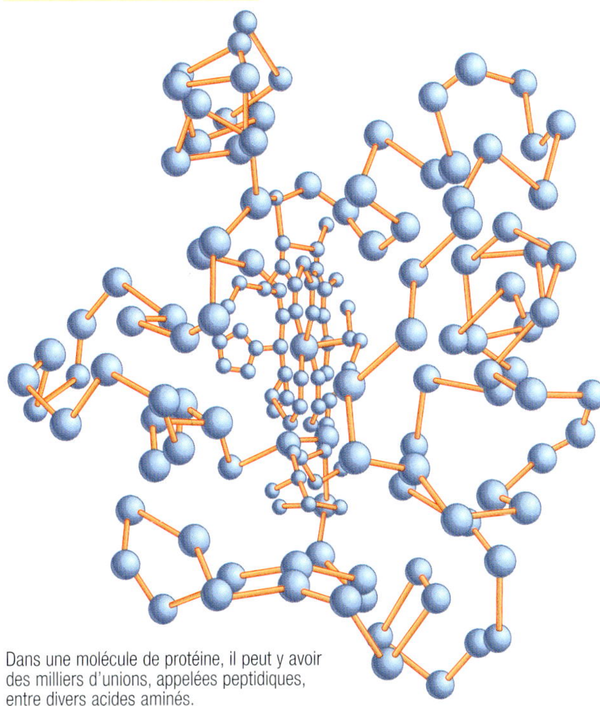

Dans une molécule de protéine, il peut y avoir des milliers d'unions, appelées peptidiques, entre divers acides aminés.

Les protéines forment non seulement un élément de notre système musculaire et de notre sang, mais elles constituent aussi une part importante du matériel génétique qui transmet les caractéristiques de nos ancêtres.

LES RÉACTIONS CHIMIQUES

Les chimistes connaissent la structure de la matière et les façons de la rendre perceptible. Dans la nature, la matière subit des changements qui modifient ses propriétés en totalité ou en partie. En observant la nature, l'homme a appris à reproduire ces transformations ainsi que d'autres qu'il jugeait intéressantes en fonction de ses besoins. Toutes les réactions chimiques ont un point commun : une variation considérable d'énergie.

MÉLANGES ET RÉACTIONS CHIMIQUES

Nous pouvons nous demander si, après avoir mis en contact et agité des substances, il s'est produit un simple mélange ou une réaction chimique. Trois faits nous permettent de répondre :

- Dans un mélange, chaque composant conserve ses propriétés. Une réaction produit de nouveaux corps qui ont de nouvelles propriétés.
- Dans un mélange, les composants peuvent être présents en n'importe quelle proportion. Dans une réaction, la proportion de chaque corps est toujours la même.
- Dans un mélange, la variation d'énergie peut être inexistante ou modérée. Dans une réaction chimique, il y a toujours une variation d'énergie importante.

Si l'on verse de l'acide chlorhydrique sur du sable, il ne se passe rien. Si on en verse sur du marbre, des bulles de CO_2 apparaissent : il y a eu une réaction.

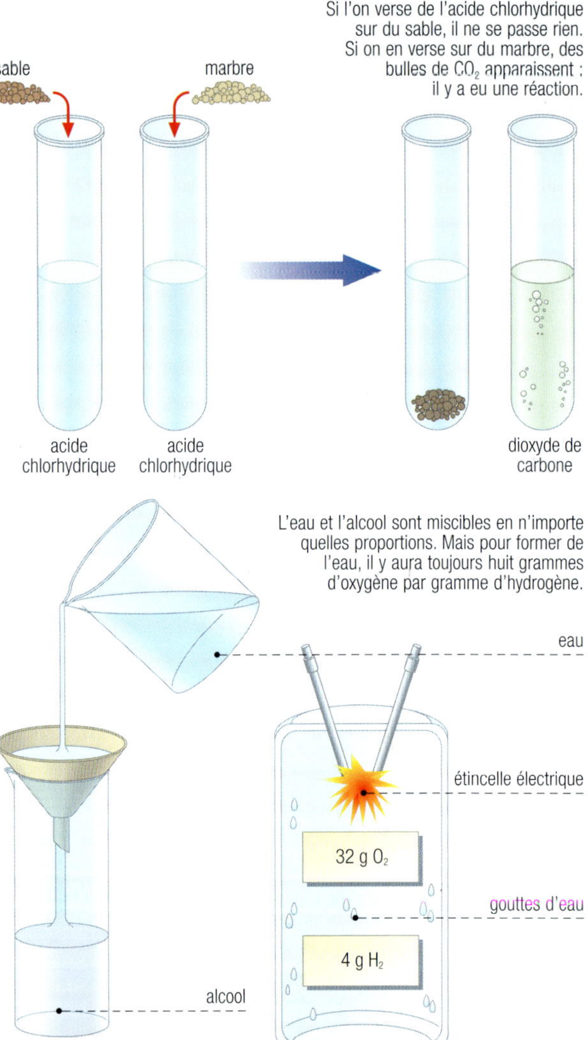

L'eau et l'alcool sont miscibles en n'importe quelles proportions. Mais pour former de l'eau, il y aura toujours huit grammes d'oxygène par gramme d'hydrogène.

Au cours d'une réaction entre certaines dissolutions, une grande quantité d'énergie se dégage, parce qu'un composant réagit avec l'eau. Il faut verser l'acide sulfurique goutte à goutte sur les parois pour empêcher l'eau de bouillir.

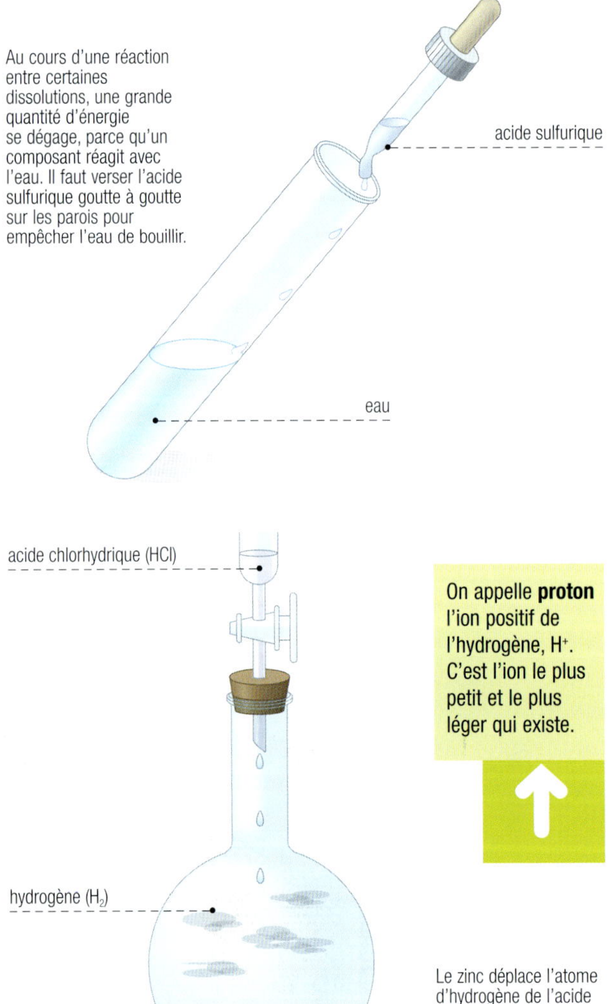

On appelle **proton** l'ion positif de l'hydrogène, H^+. C'est l'ion le plus petit et le plus léger qui existe.

Le zinc déplace l'atome d'hydrogène de l'acide chlorhydrique pour former du chlorure de zinc ($ZnCl_2$) et libérer l'hydrogène.

TYPES DE RÉACTION SELON LEUR FORME

- **Synthèse.** Il y a synthèse quand, à partir de deux corps, on obtient un composé plus complexe. Ces réactions peuvent se symboliser ainsi : $A + B \rightarrow C$.
- **Décomposition** ou **analyse**. À partir d'un composé unique, on obtient un ou plusieurs corps plus simples : $A \rightarrow B + C$.
- **Déplacement**. Réaction au cours de laquelle un corps se substitue à un autre dans un composé : $AB + C \rightarrow A + BC$.
- **Double substitution** ou **déplacement**. Dans ces réactions, il y a échange de corps entre deux composés : $AB + CD \rightarrow AC + BD$.

burette

acide chlorhydrique (HCl)

hydroxyde de sodium (NaOH)

LES RÉACTIONS ACIDE - BASE

Un acide est un composé capable de donner des **protons** (HA). À l'inverse, une base est capable de recevoir des protons (BOH). Selon leur facilité à donner ou à recevoir ces protons, les acides ou les bases peuvent être forts ou faibles. Quand un acide réagit avec une base, il en résulte un **sel** et de l'eau : $HA + BOH \rightarrow BA + H_2O$.

L'acide chlorhydrique et l'hydroxyde de sodium produisent du chlorure de sodium ($NaCl$) et de l'eau (H_2O).

En général, les **bases** sont des hydroxydes, bien que des substances comme l'ammoniac ou les amines soient aussi basiques.

LA RÉACTION DE COMBUSTION

Quand, dans une **oxydation** classique, la combinaison avec l'oxygène est rapide et s'effectue avec un dégagement de lumière et de chaleur, il y a combustion. La combustion des hydrocarbures et des composés oxygénés du carbone produit toujours du dioxyde de carbone et de l'eau : $(CHO) + O_2 \rightarrow CO_2 + H_2O$.

Pour que le ballon s'élève, il faut chauffer l'air qu'il contient, puisque l'air chaud est plus léger que l'air froid.

La combustion a été la première réaction chimique provoquée par l'homme, après la découverte du feu.

Même si une réaction d'équilibre reste toujours instable, elle nous donne l'impression d'être accomplie ; mais tous les réactifs n'ont pas été consommés.

LES RÉACTIONS D'ÉQUILIBRE

Il existe des réactions **complètes** ou **irréversibles** au cours desquelles des substances appelées **réactifs** produisent d'autres substances. Il en existe aussi d'autres où les produits peuvent réagir entre eux et retourner à leur état initial. Ce sont des réactions **réversibles**. Si les produits restent en contact et ne se séparent pas, elles se transforment alors en **réactions d'équilibre** puisque aucune des deux réactions, directe ou inverse, ne se termine jamais.

LES RÉACTIONS D'OXYDORÉDUCTION

Autrefois, on disait qu'une réaction était une oxydation s'il se produisait une combinaison avec l'oxygène ou un perte d'hydrogène. Aujourd'hui, on parle d'**oxydation** quand le nombre d'oxydation (valence) augmente et qu'il y a donc nécessairement perte d'électrons. On parle de **réduction** quand il y a gain d'électrons. Comme lorsqu'un atome gagne des électrons, il faut que d'autres en perdent, ces réactions sont toujours simultanées. Elles peuvent s'écrire sous forme d'un système de deux équations :

$A + e^- \rightarrow$ produits (réduction) ; $B \rightarrow$ produits $+ e^-$ (oxydation).

L'oxydation est utilisée en joaillerie pour la finition des objets en argent.

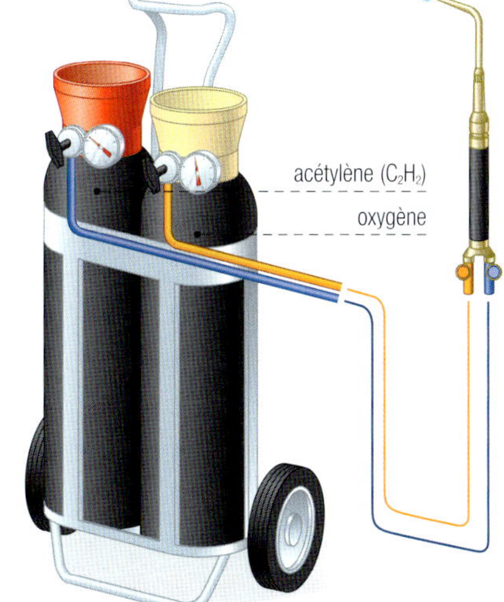

Dans un chalumeau oxyacétylénique, l'acétylène brûle avec l'oxygène et la flamme peut atteindre une température suffisante pour faire fondre le fer.

L'ÉNERGIE DES RÉACTIONS

Chacune de nos actions nécessite un travail, d'où une consommation d'énergie. Donc, l'action entraîne une variation d'énergie. Le même phénomène se passe au cours d'une réaction chimique, mais de façon moins visible en général. En effet, nous ne remarquons que la somme des deux énergies : l'une nécessaire à la réaction et l'autre qui se dégage. Parfois, nous pouvons voir que la réaction ne commencera qu'avec un apport d'énergie qui sera ensuite multipliée au centuple.

L'ÉNERGIE THERMIQUE D'UNE RÉACTION

Considérons deux réactions. Si nous frottons une allumette sur le frottoir, il apparaît une flamme très chaude. Dans la seconde réaction, nous voulons décomposer l'eau en ses deux constituants : l'hydrogène et l'oxygène. Pour cela, nous faisons circuler un courant continu dans une eau où nous avons ajouté quelques gouttes d'acide chlorhydrique pour la rendre conductrice. Nous pouvons observer que les deux gaz s'échappent en bouillonnant, mais, si nous coupons le courant, le dégagement de gaz s'interrompt. La première réaction produit de l'énergie : elle est **exothermique**. La seconde réaction reçoit de l'énergie : elle est **endothermique.**

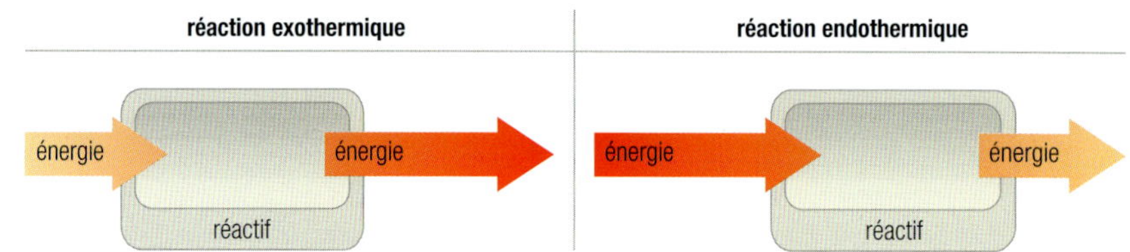

Deux types de réactions chimiques.

La combustion d'une allumette est exothermique malgré l'apport d'énergie nécessaire au début du processus (énergie d'activation). L'énergie produite par la réaction est plus grande que l'énergie fournie au système.

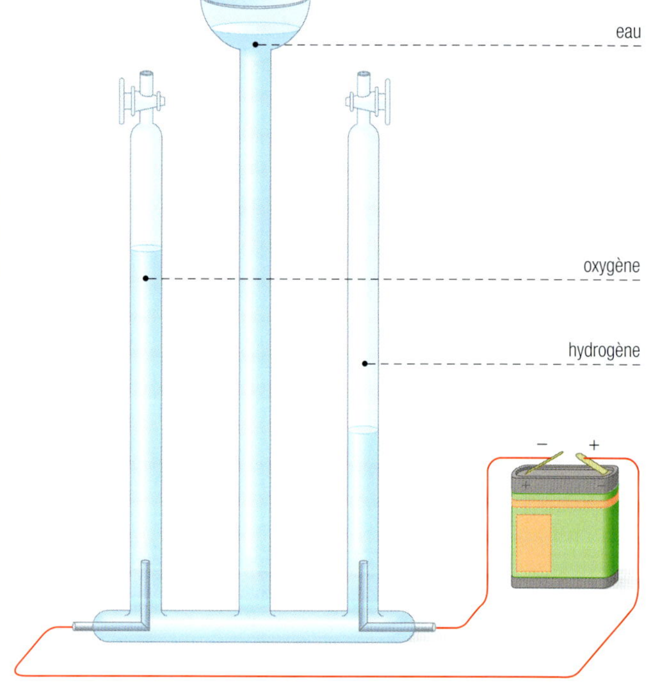

LES ÉCHANGES DE CHALEUR LORS D'UNE RÉACTION

Nous savons que les corps sont formés d'atomes unis par des liaisons. Quand une réaction se produit, il faut presque toujours de l'énergie (positive) pour rompre les liaisons existantes, et la formation de nouvelles liaisons dégage de l'énergie (négative). En additionnant ces deux énergies, nous voyons si l'énergie produite a été suffisante ou s'il a fallu fournir de l'énergie. Pour exprimer la chaleur de réaction, nous considérons toujours une mole de matière en réaction. Si la réaction est endothermique, la chaleur reçue par le système sera positive ; si elle est exothermique, cette chaleur sera négative.

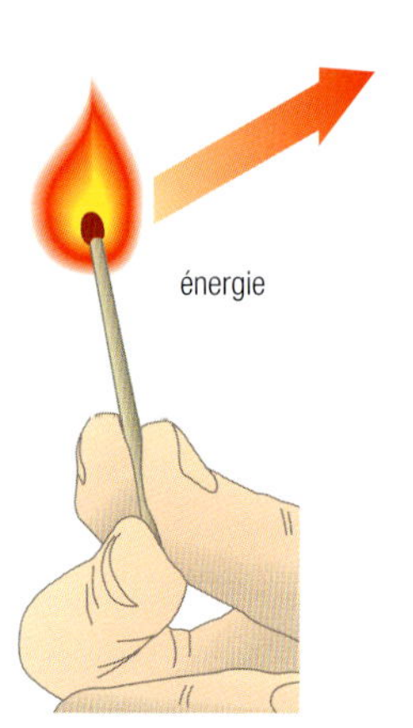

CHALEUR DE RÉACTION

On appelle chaleur de réaction l'énergie nécessaire à une réaction ou qui s'en dégage.

En général, les réactions exothermiques sont spontanées et les endothermiques provoquées, avec des exceptions dans les deux cas selon l'état des substances.

LE TRAVAIL DES GAZ

Afin de casser les roches et de pouvoir extraire les minéraux, on utilise des cartouches de dynamite. La dynamite brûle rapidement et produit des gaz. Ces gaz, étant emprisonnés à une pression élevée, se dilatent et cassent la roche. Ils ont réalisé un travail. Ce travail, provoqué par la réaction chimique, a entraîné une diminution de l'énergie des corps en réaction. S'il y a une augmentation de volume, le travail est négatif (l'énergie sort) et s'il y a une diminution de volume, le travail est positif (l'énergie entre.)

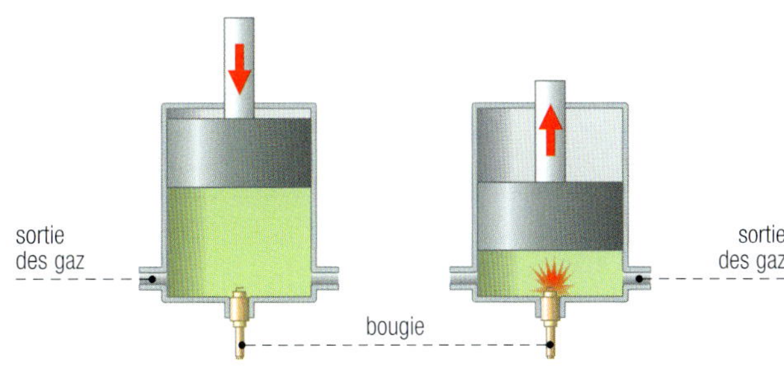

Le cylindre d'un moteur de moto réalise un travail grâce à l'augmentation de volume que subit le mélange d'air et d'essence en brûlant.

L'ÉNERGIE INTERNE

L'énergie interne est la somme des **énergies potentielle** et **cinétique** de tous les atomes ou molécules des corps en réaction. Sa variation est la somme de la chaleur et du travail.

L'ÉNERGIE ÉLECTRIQUE

Une réaction chimique peut produire de l'énergie électrique Si nous ajoutons du zinc à une solution de sulfate de cuivre, plusieurs phénomènes se produisent : le zinc se recouvre de cuivre métallique, le bleu de la solution de sulfate disparaît peu à peu et le récipient se réchauffe légèrement. C'est une réaction d'oxydoréduction exothermique. Cette réaction s'exprime par un système d'équations. Si nous réalisons les deux réactions dans des récipients différent unis par un pont salin, l'échange d'électrons s'effectue à travers le conduit. C'est une **pile électrolytique**.

ampèremètre
pont salin
zinc
cuivre
sulfate de cuivre (II)
sulfate de zinc
bouchon poreux
2e⁻
2e⁻

$Zn \rightarrow Zn^{2+} + 2e^-$
1re équation anodique

$Cu^{2+} + 2e^- \rightarrow Cu$
2e équation cathodique

Dans la pile **Daniell**, le zinc (Zn) s'oxyde en Zn^{2+}, alors que l'ion cuivre (II) (Cu^{2+}) du sulfate de cuivre se réduit en cuivre métallique.

Les deux récipients d'une pile Daniell doivent être unis par un conduit plein de solution saline qu'on appelle un **pont salin**.

L'électrolyse est une méthode très utilisée pour obtenir des métaux purs.

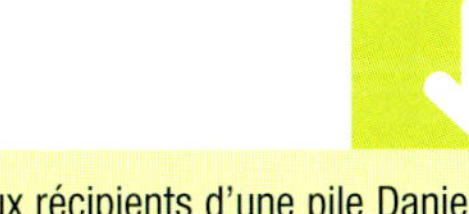

L'électrolyse de sels dissous peut dégager de l'oxygène ou de l'hydrogène une fois que les ions du sel ont perdu leur charge.

L'ÉLECTROLYSE

Les **corps ioniques** et les autres électrolytes dissous ou fondus conduisent le courant électrique. Si nous plongeons dans un liquide deux électrodes connectées à une source de courant continu, les ions positifs se dirigent vers le pôle négatif appelé **cathode**, et les ions négatifs vers le pôle positif appelé **anode**. Sur les électrodes, les ions perdent leur charge et restent libres.

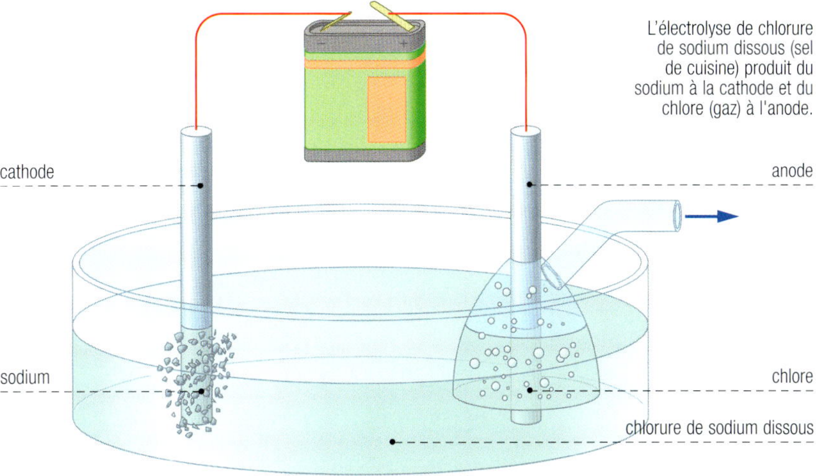

L'électrolyse de chlorure de sodium dissous (sel de cuisine) produit du sodium à la cathode et du chlore (gaz) à l'anode.

LES INDUSTRIES CHIMIQUES

La chimie trouve de nombreuses applications dans l'industrie. L'homme effectue des recherches, observe la nature, tente de reproduire en laboratoire les phénomènes observés, se demande quels services ils peuvent lui rendre, étudie leur rendement économique et les possibilités de distribution avant de lancer une production à grande échelle dans l'industrie. Celle-ci, en principe, doit apporter des profits à ses propriétaires, rémunérer les ouvriers, techniciens et employés qui y travaillent, et procurer des bienfaits d'une autre nature aux clients qui achètent leurs produits.

UNE ENTREPRISE INDUSTRIELLE

Une usine, tournée vers la fabrication d'un produit, est composée de plusieurs services chargés d'accomplir une tâche spécifique. Ces services doivent être coordonnés par un directeur général. Voici les principaux services d'une grande entreprise :

- Service des achats chargé d'acheter les matières premières nécessaires.
- Service du contrôle de qualité des matières premières.
- Service de recherche et développement. Il comprend les scientifiques et les ingénieurs qui conçoivent et contrôlent la fabrication des produits, s'intéressent à leur impact sur l'environnement, à la santé et à la sécurité du personnel.
- Services financiers et administratifs qui calculent le prix des produits à partir de leurs coûts.
- Service de fabrication. Il comprend toutes les sections qui manipulent les matières premières jusqu'à l'obtention du produit.
- Contrôle de qualité des produits.
- Service technico-commercial et service après-vente.
- Direction des ressources humaines : elle sélectionne les employés les plus qualifiés pour chaque poste de travail et se charge de les former.

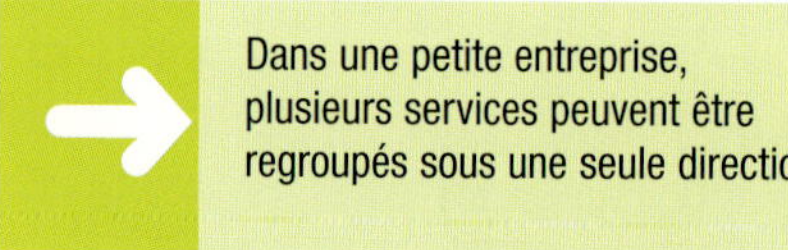

Dans une petite entreprise, plusieurs services peuvent être regroupés sous une seule direction.

LE CIMENT

La quantité de ciment que fabrique et consomme un pays est une des informations prises en compte pour évaluer son potentiel industriel, de même que la quantité d'acide sulfurique et d'acier. Le ciment se fabrique à partir de **calcaire** (carbonate de calcium), d'**argile** et de **sable**. On chauffe ce mélange dans un four rotatif. Le produit de cette opération s'appelle le **clinker**. Une fois refroidi et broyé, il peut produire divers types de matériaux de construction.

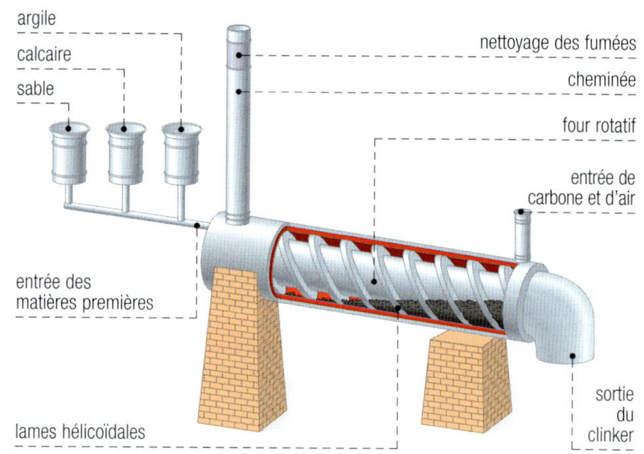

Grâce aux lames en forme d'hélice, le carbone brûlant monte dans le four tournant et les matières premières descendent jusqu'à la sortie du produit.

Le clinker mêlé à du gypse produit du ciment Portland qui, mélangé à de l'eau et à du sable, donne du **béton**.

L'HYDROXYDE DE SODIUM

La soude caustique sert à la fabrication de savons.

L'hydroxyde de sodium, appelé **soude caustique**, est d'ordinaire fabriqué en même temps que le chlore, puisqu'on utilise comme matières premières du chlorure de sodium et de l'eau. Pour produire cet hydroxyde, on recourt à l'électrolyse, comme pour obtenir du sodium. On obtient aussi un produit secondaire : l'hydrogène. La soude est employée en grandes quantités pour fabriquer des savons et des détergents.

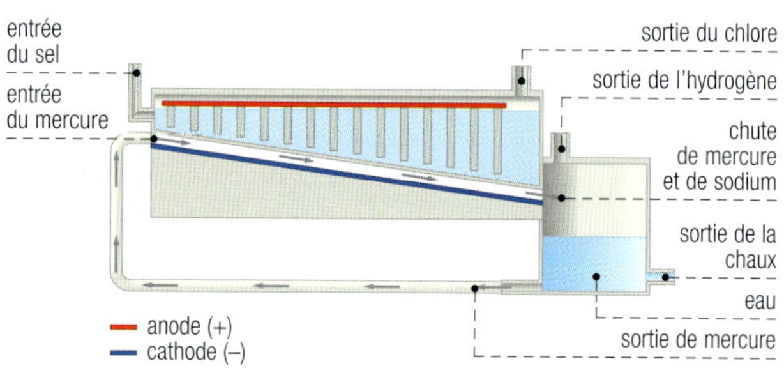

Le sodium formé par électrolyse se dissout sur la cathode de mercure, puis, refroidi, tombe dans l'eau en formant de l'hydroxyde de sodium.

L'AMMONIAC

Le gaz ammoniac a beaucoup d'applications en chimie. Il sert à fabriquer de l'acide nitrique, des sels d'ammoniac, des amines et des amides, des engrais et des colorants. On l'obtient à partir d'hydrogène et de l'azote de l'air ou par déplacement de l'ion ammonium des sels d'ammoniac par l'hydroxyde de sodium. La méthode de **Haber-Bosch** est la plus utilisée. Elle a l'inconvénient d'opérer à très haute pression et avec de l'azote très pur, pour éviter d'endommager le catalyseur qui est en général un métal comme le fer ou un oxyde comme l'alumine. Malgré tout, son rendement ne dépasse pas 40 %.

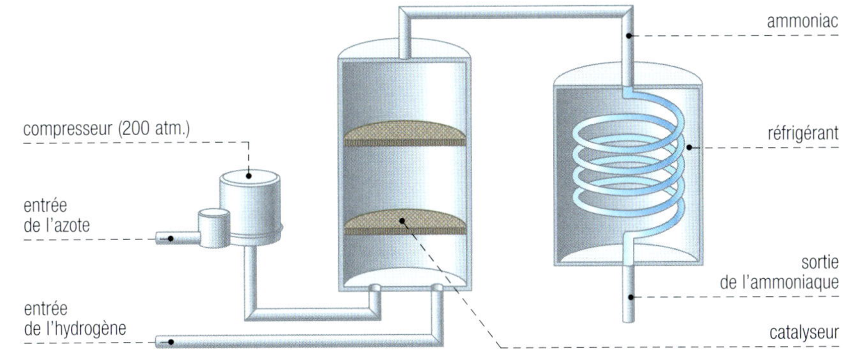

Les oxydes d'azote qui n'ont pas participé à la réaction retournent à l'entrée des matières premières pour recommencer le processus.

sortie des oxydes d'azote
réfrigérant
eau
grille de platine (catalyseur)
sortie de l'acide nitrique
entrée de l'air
entrée de l'ammoniac
oxydes d'azote

CATALYSEUR

Un catalyseur est un corps qui accélère une réaction chimique et qui est restitué à la fin de celle-ci.

LES POLYMÈRES

L'industrie des polymères est celle qui s'est le plus développée au XXe siècle. Ils sont de fabrication comme de nature très variées. Pour généraliser, nous pouvons dégager trois phases : l'obtention d'un **monomère**, la condensation de monomères pour former un polymère et le traitement pour lui donner la forme adéquate à son usage (fil, lames, granulés, etc.). Leur matière première est constituée de composés organiques dérivés du pétrole dont les molécules comportent des liaisons doubles. Leur utilisation est très variée : fibres textiles, récipients, décoration, petits ustensiles ménagers, accessoires automobiles ou électroménagers, etc.

Le **caoutchouc naturel** est un polymère de l'isoprène (méthyl-2 butadiène-1,3). Sa chaîne est linéaire et déformable. Grâce aux réactions de vulcanisation avec du soufre ou des peroxydes, il se forme une chaîne tridimensionnelle élastique appelée, à tort, **gomme**.

lame
rouleau

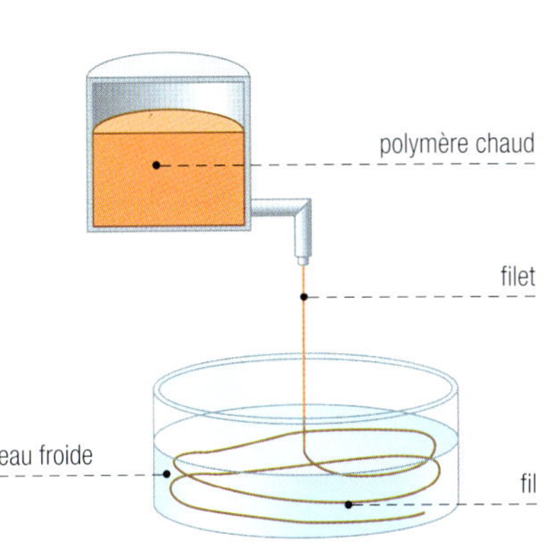

Le même polymère traité par des procédés différents peut présenter des formes très diverses.

De nombreuses fibres textiles s'obtiennent à partir de polymères.

VERS DE NOUVELLES DÉCOUVERTES

On peut affirmer, sans crainte de se tromper, que l'homme continuera à chercher les secrets très bien gardés de l'Univers. C'est une course sans fin et qui, ces dernières années, progresse à une vitesse vertigineuse. Sans nul doute, l'homme connaîtra de mieux en mieux la nature. Les techniciens chercheront et trouveront des applications aux nouvelles découvertes. Certaines de ces découvertes auront des aboutissements pratiques dans un futur proche : elles sont déjà dans les ordinateurs des ingénieurs et leurs applications en sont à leurs débuts.

LA FUSION NUCLÉAIRE

L'énergie de fusion est l'énergie qui se dégage quand deux **noyaux atomiques** s'unissent. Pour que cette union se réalise, une partie de la masse des particules du noyau disparaît en se transformant en énergie. Cette énergie, dotée d'une puissance un million de fois plus grande que celle des combustibles conventionnels, n'est pas nouvelle. Découverte depuis un demi-siècle, elle n'a jusqu'à présent pas eu d'applications pacifiques, puisque cette union ne peut se réaliser qu'à une température proche d'un million de degrés. On cherche des formes de fusion réalisables à des températures plus accessibles.

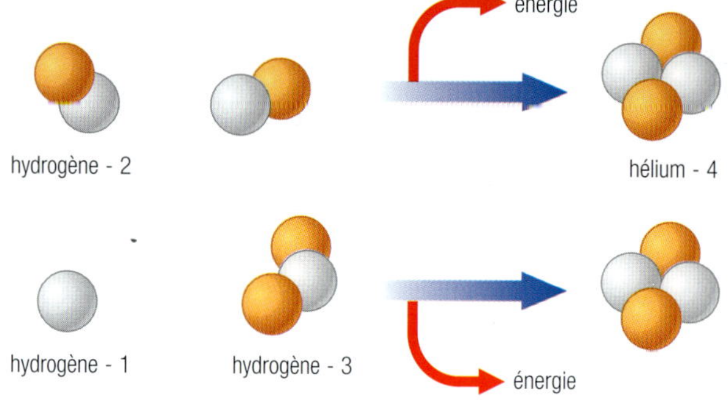

Dans les réactions de fusion connues, l'union de deux noyaux d'hydrogène-2, ou d'un noyau d'hydrogène-2 et d'un d'hydrogène-3, produit de l'**hélium**. L'hydrogène est très abondant et l'hélium ne pollue pas.

ÉQUIVALENCE MASSE ÉNERGIE

Selon Einstein, la masse peut se transformer en énergie : $E = \Delta m. c^2$, où Δm est la perte de masse, et c la vitesse de la lumière (300 000 km/s).

LE BIOGAZ

Chaque jour, les industries alimentaires et les concentrations urbaines produisent des milliers de tonnes de déchets organiques qui polluent le sol et l'air. Si leur putréfaction est contrôlée dans des **digesteurs**, elle donne un gaz composé de **méthane** et de dioxyde de carbone. Ce gaz est utilisable comme combustible dans les centrales électriques. Des essais d'utilisation du biogaz sont en cours.

Le digesteur fonctionne grâce aux bactéries qui y sont introduites et qui se reproduisent rapidement.

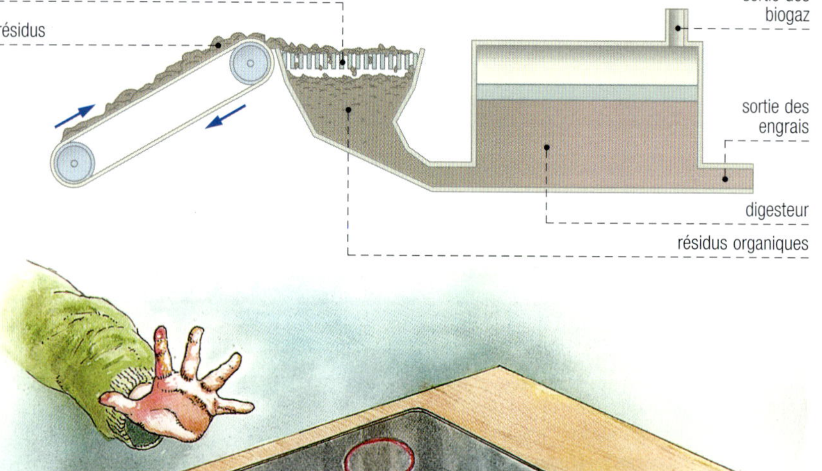

Le biogaz pollue, mais les gaz qu'il produit seraient de toutes façons rejetés dans l'atmosphère sans aucun contrôle. Ses résidus solides peuvent servir d'engrais.

LES PLAQUES À INDUCTION

Dans certaines cuisines modernes, on utilise des plaques de cuisson grâce auxquelles la chaleur est produite dans un récipient, en **matériau ferromagnétique**, par des courants électriques induits provenant d'une bobine située sous une plaque en vitrocéramique. C'est une méthode très sûre, puisque seuls sont chauffés les métaux : les aliments cuisent grâce à la chaleur dégagée par le récipient.

La main représentée ici ne se serait pas brûlée sur des plaques à induction qui restent toujours froides.

Les plaques à induction restent toujours froides : elles ne peuvent ni brûler ni provoquer d'incendies.

L'INTELLIGENCE ARTIFICIELLE

Un ordinateur actuel est-il intelligent ? Non. Un ordinateur réalise très vite les opérations que l'homme a programmées, mais il ne peut prendre aucune initiative. On appelle « intelligence » la capacité d'apprendre à partir de l'expérience. Actuellement, il existe des appareils qui peuvent être programmés pour apprendre certaines fonctions.

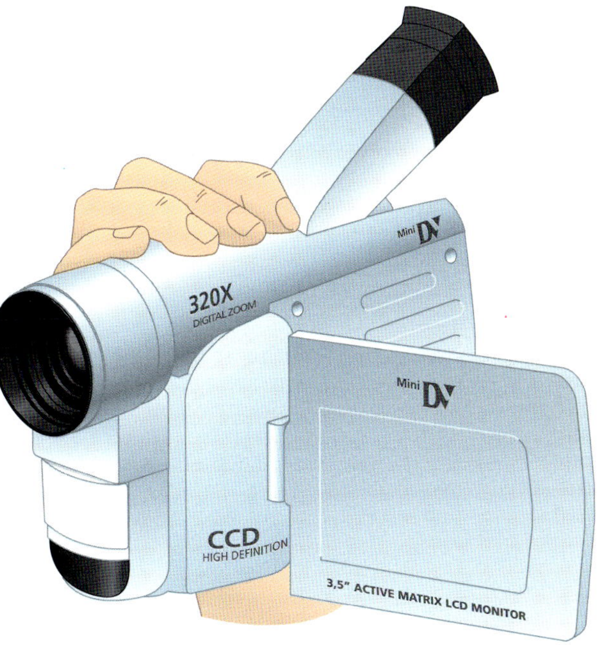

Certaines caméras vidéo utilisent un stabilisateur d'images qui amortit les mouvements involontaires de la main du photographe, grâce à des mécanismes d'intelligence artificielle.

LES SUPRACONDUCTEURS

Ce sont des substances dont la résistance électrique est pratiquement nulle, et qui ne peuvent supporter aucun champ magnétique en dessous d'une **température critique**. Leurs applications se développeront pleinement quand on obtiendra des alliages, souvent avec du cuivre, d'une température critique proche de la température ambiante. Actuellement, on les utilise en microélectronique.

En électronique, où l'intensité du courant est très petite, les pertes dues à la chaleur ont une grande importance.

LES SUPERFLUIDES

Ce sont des liquides **sans viscosité**, **sans frottements** entre leurs particules et totalement **incompressibles**. Aujourd'hui, on n'a obtenu ce comportement que pour l'hélium liquéfié à –270 °C. L'hélium va permettre sans aucun doute d'étudier certains phénomènes astronomiques en les reproduisant en laboratoire.

L'ORDINATEUR QUANTIQUE

Il s'appuie sur l'**effet tunnel**. Cet ordinateur, beaucoup plus rapide que les machines conventionnelles, peut réaliser davantage d'opérations simultanées, mais il suppose une nouvelle logique : la **logique quantique**. Actuellement, ce type d'ordinateur en est à la première phase d'utilisation, mais il constituera une véritable révolution dans le domaine informatique.

ENREGISTREMENTS HOLOGRAPHIQUES

Grâce à un rayon laser et à une émulsion spéciale, on peut enregistrer un **hologramme**. Ce n'est rien d'autre qu'une image tridimensionnelle. L'information qu'il contient est très grande. C'est pourquoi, à l'avenir, on pourrait utiliser les hologrammes pour conserver des informations. Un hologramme de la taille d'un DVD pourrait contenir beaucoup plus d'informations.

Avec l'holographie, on peut avoir des informations non seulement sur le devant, mais sur une grande partie d'un objet.

INDEX